Rolando Suáre

111 Orte auf Gran Canaria, die man gesehen haben muss

emons:

Una escultura señera que sube del mar
tan preciosa y rica que endulza la saliva
dame un beso y otro y tres que te doy siete
soy quien soy por lo que soy, y por ti, isla de mi vida
siempre estaremos unidos, muertos o vivos
en este mundo trascendente, tú y yo, y poco más

Bibliografische Information der Deutschen Nationalbibliothek
Die Deutsche Nationalbibliothek verzeichnet diese Publikation
in der Deutschen Nationalbibliografie; detaillierte bibliografische
Daten sind im Internet über http://dnb.d-nb.de abrufbar.

© Emons Verlag GmbH
Alle Rechte vorbehalten
© der Fotografien: Rolando Suárez, außer:
Ort 20 unten: Tarek Ode; Ort 65: José Garcia;
Ort 111: AstroEduca.com
© Covermotiv: shutterstock.com/Niebieski Lew
Layout: Eva Kraskes, nach einem Konzept
von Lübbeke | Naumann | Thoben
Kartografie: altancicek.design, www.altancicek.de
Kartenbasisinformationen aus Openstreetmap,
© OpenStreetMap-Mitwirkende, ODbL
Druck und Bindung: CPI – Clausen & Bosse, Leck
Printed in Germany 2018
ISBN 978-3-7408-0436-7
Originalausgabe

Unser Newsletter informiert Sie
regelmäßig über Neues von emons:
Kostenlos bestellen unter
www.emons-verlag.de

Vorwort

Der kanarische Archipel im östlichen Zentralatlantik westlich von Marokko und der Westsahara in weit über 1.000 Kilometern Entfernung zum spanischen Festland ist eine tosend-flauschig hingewürfelte Inselgruppe. Gran Canaria ist dabei die Königin, das unsagbar kostbare, grandiose Juwel eines silberblau-ungerührten Ozeanstrichs.

Im krachenden Pliozän dramatisch emporgestiegen aus dem Innersten unserer Mutter Erden, heute ein lavanides Meeresgebirgsmonument, dessen furiose, aus dem Wasser ragende Haube ein Inselreich bedeutet, so schön und *increíble bonito*. *Tocando el alma, besando el ingenio*, Finesse und Fügung Hand in Hand, Stein für Stein, die Sinne belebend, eintauchend in fabulöse Träume *en sueños de sueños de ensueño*; geküsst werden die lebensgierenden Flügel der Schöpferkraft.

Gran Canaria, ein flamboyantes Eiland mit unbändiger Verve und nimmersatter Gier nach Leben. Als schöngeistige Skulptur der Geologie in der Abgeschiedenheit des Atlantiks treibend, entfaltet dieses fulminante Amalgam aus Naturessenz und Menschdissens, dessen Fluidum die Säfte des Lebens und der Träume belebt, ein farbenreiches, reichhaltiges Relief, auf dem das Blühen, Gedeihen und Erwachsen mannigfreudiger Lebensformen in unvergleichlicher Weise voranschreitet. Erst auf anderen Planeten ferner Galaxien wird man mit dem Glück des Tüchtigen ihresgleichen finden. Hier, auf dieser unserer Erde, ist Gran Canaria unerreicht – und wird es bleiben.

Dieses Buch atmet das Temperament und die Gloria einer grenzenlosen Insel ein, gastiert in jeder ihrer 21 Gemeinden und offenbart einen Mix aus bekannten, weniger bekannten und unbekannten Orten, den absoluten Knallern und Inselsymbolen und versteckten Kuriositäten und Perlen. Es ist für jeden etwas dabei, egal, ob man auf der schönsten Insel der Welt bereits war oder sein erstes Mal noch vor sich hat. *Descubre Gran Canaria*, entdecken Sie Gran Canaria, *la isla de las mil maravillas*, die Insel der 1.000 Herrlichkeiten, *tan preciosa y rica que endulza la saliva*.

111 Orte

1___ Das Freiluftwassermuseum | Agaete
Wasser – das Gold von gestern, jetzt und morgen | 10

2___ Der grüne Sonnenhut | Agaete
El amor siempre gana | 12

3___ Der indigene Strand | Agaete
Chepre, Re und Atum oder: Sonnenanbeter im Flow | 14

4___ Die Kaffeeplantage | Agaete
Einzigartige Böhnchen für außergewöhnlichen Kaffee | 16

5___ Die ökologische Residenz | Agaete
Ökologisch verantwortungsvoller Habitus Naturalis | 18

6___ Die Regenbogengumpen | Agaete
Farben verleihen Flügel im Denken und Fühlen | 20

7___ Der völkerverbindende E7 | Agaete
Von El Hierro bis zum Schwarzen Meer | 22

8___ Der belebte Skulpturenort | Agüimes
Skrupellose Skulpturen skalpieren skabiöse Skinks | 24

9___ Die charmante Käserei | Agüimes
Zicken, Böcke, Mönche und ein paar Dreikäsehochs | 26

10___ Der erstklassige Surfspot | Agüimes
Everybody's gone surfin', surfin' Gran Canaria | 28

11___ Die fulminanten Höhlen | Agüimes
Ein Findelkind in der Obhut eines Riesen | 30

12___ Das kanarische Gold | Agüimes
Im Herzen ein Vulkan, auf der Zunge ein Gedicht | 32

13___ Die kolossale Schlucht | Agüimes
Vor Freude schluchzen, die Schönheit imponiert | 34

14___ Der maritime Mondweg | Agüimes
Promenaden gibt es viele, magische nur wenige | 36

15___ Das mystische Geisterhaus | Agüimes
Verschmelzen von Wirklichkeit, Traum und Magie | 38

16___ Die steinerne Rodelbahn | Agüimes
Nicht lang, dafür markant und fulminant | 40

17___ Das Tauchgebiet El Cabrón | Agüimes
Der Geist muss öfters tauchen, um nicht zu kentern | 42

18___ Die tosende Sommerbar | Agüimes
Sitzen, strahlen, gaffen und sinnvoll trödeln | 44

19___ Der verlassene Bunker | Agüimes
Nicht ganz legal, aber auch nicht scheißegal | 46

20___ Die genuinen Tempelhöhlen | Artenara
Archäologisch, architektonisch und astronomisch | 48

21___ Die Höhlenkapelle | Artenara
Wallfahrt in die Gottesgrotte | 50

22___ Die progressiven Klötze | Artenara
Ein antikorrosives Denkmal für Natur und Umwelt | 52

23___ Der abseitige Salzgarten | Arucas
Ohne weißes Pülverchen nix im Lot | 54

24___ Der Flankierungsturm | Arucas
Eine Flanke, ein Kopfball und GOOOOL! | 56

25___ Die Naturbäder | Arucas, Santa María de Guía und Agaete
Kanarisches Kneippen an der lebhaften Felsenküste | 58

26___ Der Waldseilgarten | Arucas
In griffiger Kulisse den Tarzan raushängen lassen | 60

27___ Das bröckelige Kurhotel | Firgas
Wasser, das vornehmste Element, trocken wie nass | 62

28___ Las Cuevas de las Cruces | Gáldar
Die hohle Höhle vor lauter Fels nicht sehen | 64

29___ El Faro de Punta Sardina | Gáldar
Die Erfahrung ist ein Leuchtturm, kein Liegeplatz | 66

30___ Das kaiserliche Becken | Gáldar
Bei Ebbe ein Spaziergang, bei Flut ein Holzweg | 68

31___ Die ruhmlose Nekropole | Gáldar
In der Quadratur des Kreises liegt die Lösung | 70

32___ Die traulichen Trauben | Gáldar, Tejeda, Las Palmas
Wein, wein, wein, schenk dir ein, reinen Wein | 72

33___ Die 1-a-Meisterbäckerei | Ingenio
Wo die Hefen noch Fäuste zu spüren bekommen | 74

34___ Das kanarische Windrad | Ingenio
Wind, Wind, sause, sause – whuu, whuu, whuuuuu | 76

35___ Die Kratzbildsiedlung | Ingenio
Taki 183, seine Nachahmer und eine ganze Subkultur | 78

36___ Die beflügelte Windmühle | La Aldea de San Nicolás
Voller Windmühlen im Kopf – hofft, träumt, lebt! | 80

37___ Die Canary-Canyon-Route | La Aldea de San Nicolás, Artenara und Tejeda
Auf der Suche nach der verlorenen Zeit | 82

38___ Das Kamel-Altenheim | La Aldea de San Nicolás
Ein Kamel kommt selten allein | 84

39 ___ Der verstohlene Strand | La Aldea de San Nicolás
   Zwischen den Welten im Hier und Bald | 86
40 ___ Der aparte Schrebergarten | Las Palmas
   Vorsicht! Giftzwerge statt Gartenzwerge! | 88
41 ___ Der britische Totenacker | Las Palmas
   Mittendrin versteckt statt prominent unverdeckt | 90
42 ___ Die cineastische Mauer | Las Palmas
   Hollywood: wo Seifenblasen Träume fabulieren | 92
43 ___ Die Designfassade | Las Palmas
   Kreativ auf Bestellung, Kunst auf Rechnung | 94
44 ___ Der einsame Wachposten | Las Palmas
   Es war einmal ein Pottwal … | 96
45 ___ Das erhellende Yoga | Las Palmas
   Über das Suchen und Finden der Selbsterkenntnis | 98
46 ___ Das feudalmondäne Hotel | Las Palmas
   Fünf Sterne de luxe, money in the Büx | 100
47 ___ Der gefeite Stadtstrand | Las Palmas
   Ein Riff, ein Aufzug, ein Klavier und so viel mehr | 102
48 ___ Das grünatmende Stadion | Las Palmas
   Fußballer raus, Freizeitstädter rein | 104
49 ___ Das höhenluftige Quartier | Las Palmas
   Alles außer kasernierte uniformierte Staatsdiener | 106
50 ___ Die Läufer-Festivals | Las Palmas
   Schuhe verbrennen, bis die Sohlen glühen | 108
51 ___ Die lebhaften Museen | Las Palmas
   Durch Las Palmas museumieren | 110
52 ___ Der lukullische Gan Eden | Las Palmas
   Die Alma Mater der blühenden Künste | 112
53 ___ Der müßige Atlant | Las Palmas
   Meer im Blick, Küste zu Füßen, Berge im Rücken | 114
54 ___ Der pomphafte Stadtblick | Las Palmas
   Aus Sicht der Aussicht eine Aussicht mit Sicht | 116
55 ___ Das pralle Tor zur Stadt | Las Palmas
   Triton, Turm und Tuchfühlung mit Sand und Meer | 118
56 ___ Puerto de La Luz | Las Palmas
   Die meeresbrisenden Kais | 120
57 ___ Der sportive Leibespark | Las Palmas
   Körperkult, Kultkörper und per Körper kultivieren | 122
58 ___ Die lakonischen Strände | Mogán und San Bartolomé de Tirajana
   Die kleinen Geschwister der Playa Guguy | 124

59 — Die quirlige Meeresgrotte | Mogán
Für Badeclowns, Wassernixen und Schwimmweltmeister | 126

60 — Das geheime Baumhaus | Moya
Hoch oben in den Bäumen baumelt ein Walderlix | 128

61 — Das überbekannte Lokal | Moya
Über den Wolken heißt hier über dem Meer | 130

62 — Das eherne Mühlenaquädukt | San Bartolomé de Tirajana
Wasserlos macht sprachlos, der Teufel ist los! | 132

63 — Der Ententeich | San Bartolomé de Tirajana
Alles an Enten, außer Ente süßsauer | 134

64 — Der konfuse Seelenbahnhof | San Bartolomé de Tirajana
Meisterhafter Genresynkretismus in atemlosem Flair | 136

65 — Die kosmischen Relikte | San Bartolomé de Tirajana
Das Sonnensystem so nah und doch so fern | 138

66 — Die Kosmos-Seher | San Bartolomé de Tirajana
Den Orbit stets im Blick | 140

67 — Die schwindenden Dünen | San Bartolomé de Tirajana
Sich im Glanze der Sandhaufen monumentalisieren | 142

68 — Die Tränen des Laurentius | San Bartolomé de Tirajana
Gucken, glotzen, glupschen und staunen | 144

69 — Der älteste Golfclub | Santa Brígida
Wo Briten schwungvoll den Schläger schwangen | 146

70 — Die Keramikwerkstatt | Santa Brígida
Lehm ist nicht gleich Lehm | 148

71 — Die kolossale Vulkansenke | Santa Brígida
Drum herum oder mitten rein, so oder so superfein | 150

72 — Der unbeugsame Drache | Santa Brígida
Fällt er oder fällt er nicht, ist hier die Frage | 152

73 — Das Weinhaus | Santa Brígida
Lokale Weine bei lokalem Ambiente in lokalem Lokal | 154

74 — Die Meeressaline | Santa Lucía de Tirajana
Schöpfen, schöpfen, schöpfen und dann nen Schoppen | 156

75 — El Mirador El Guriete | Santa Lucía de Tirajana
Aussicht auf Ausblick, nah und fern immer gern | 158

76 — Der Palmenstausee | Santa Lucía de Tirajana
Jemanden auf die Phoenix canariensis bringen | 160

77 — Das Surfmekka | Santa Lucía de Tirajana
Mit dem Wind durch das Meer brausen | 162

78 — Der unbändige Adlerhorst | Santa Lucía de Tirajana
Festung, Zufluchtsort, Unterschlupf oder Tempel? | 164

79___ Das verbummelte Schloss | Santa Lucía de Tirajana
Stein für Stein ein Schloss zu hohem Ross | 166

80___ Das Fenster zum Meer | Santa María de Guía
Und der wohl coolste Bolzplatz der Insel | 168

81___ Die filigrane Mercerie | Santa María de Guía
Und die filigrane Bijouterie filigrieren im Takt | 170

82___ Das Käsehaus | Santa María de Guía
Das ist doch alles Käse! Und mit Aussicht! | 172

83___ Der Schachplatz | Santa María de Guía
Schach ist wie Fußball, nur ohne Schläger | 174

84___ Die vergessene Gästevilla | Santa María de Guía
Wo einst ein berühmter musischer Romantiker weilte | 176

85___ Das Cliffhanger-Kreuz | Tejeda
Am Ende der Welt, die Glocke schlägt dingdongding | 178

86___ Die Höhenluftbierbrauerei | Tejeda
Ein Bier, zwei Bier, drei Bier und ein Schweinchen | 180

87___ Die legendäre Pinie | Tejeda
Brenn, mein Kind in toto, der Teufel in dir! | 182

88___ Der stramme Monolith | Tejeda
Ein Wolkenfels, eine Kröte und ein Mönch | 184

89___ Barrio San Francisco | Telde
Lang verborgen, nunmehr in aller Munde | 186

90___ Der eiserne Drachenbaum | Telde
Kreisverkehrsinselverrückte Canarios im Sinnrausch | 188

91___ Die erholten Schildkröten | Telde
Gesundung leidgeplagter Meerespaddler | 190

92___ Die Falkenpilzschlucht | Telde
Machen Sie Ihre Socken und Glupscher scharf! | 192

93___ Der heuchlerische Geysir | Telde
Mal hoch, mal nieder geht der Po von Tante Frieda | 194

94___ Die irre Echsenterrasse | Telde
Hilfe, socorro, die Echsen sind los! | 196

95___ Die Olivenfinca | Telde
Oliven als Zugpferd, Batterien als Pferdestärken | 198

96___ Das poppige Tuttifrutti | Telde
Alles außer Eis, Striptease-Einlagen und Cin Cin | 200

97___ Die pulsierende Promenade | Telde
Ein Heldenweg für Sportjunkies und Sportmuffel | 202

98___ Die Schwimmroute | Telde
Stromlinienförmig von Boje zu Boje | 204

99___ Die vier Steintore | Telde
Exemplarisch-plastische Höhlenarchitektur | 206

100___ Die wahren Traumstrände | Telde
Die mit dem Flugdrachenkopf tanzen | 208

101___ Die Gefilde der Seligen | Teror
Ein elysäisches Landgut zum Sich-Verknutschen | 210

102___ Die Koboldschlucht | Teror
Ein gutmütiger Kobold, nicht ein Heinzelmännchen | 212

103___ Der Waschplatz | Valleseco
Auf die Wäsche, fertig, los! | 214

104___ Área La Laguna | Valleseco
Parilla, barbacoa oder auf Kanarisch: asadero | 216

105___ Der Bewässerungsgraben | Valleseco
Der Mensch leitet das Wasser, wer den Menschen? | 218

106___ Die Käsefabrik | Valsequillo
Im Käse liegt die Wahrheit | 220

107___ Presa de Cuavas Blancas | Valsequillo
Tiefer, breiter und robust wie ein Panzer | 222

108___ La Montaña Cabreja | Vega de San Mateo
Alles vergeht, Aussichten bleiben | 224

109___ Die rüstige Pferderanch | Vega de San Mateo
Zu neuen Ufern auf Paarhufern im Galopp | 226

110___ Die schlichten Wandbilder | Vega de San Mateo
Künstlerische Hommagen ans Traditionshandwerk | 228

111___ Die Sternenjäger | Vega de San Mateo
Sterne satt im Handteller glatt | 230

1 Das Freiluftwassermuseum
Wasser – das Gold von gestern, jetzt und morgen

Gran Canaria ist umgeben von Wasser, aber die jährliche Niederschlagsmenge schlägt mit etwa 300 Millimeter gering zu Buche. Damit fällt zwar gut doppelt so viel Wasser vom Himmel wie auf den östlichen Inseln, aber auch reichlich weniger als auf den westlichen, sogar nur halb so viel wie auf La Palma. Etwa 80 Prozent des Niederschlags fallen in den Wintermonaten und beschränken sich weitestgehend auf die höheren Lagen. Insgesamt fehlt es der Insel also an Regenwasser. Dies führt dazu, dass das Wasser davon abgehalten werden muss, zu versickern und durch die Schluchten seinen Weg in den atlantischen Longdrink zu finden. Doch können nur etwa zehn Prozent tatsächlich gewonnen werden, allein schon 65 Prozent verschlingt die Verdunstung.

Das weit ausgedehnte, geisterhafte Landgut Samsó samt Umland im Tamadabamassiv ist eine spektakuläre Ansammlung von menschlichen Eingriffen, deren Besinnlichkeit die kulturell-naturhafte Landschaft in eine bezaubernde, von hydraulischen Bauwerken übersäte Szenerie verwandelt und beispiellose Zeugnisse der Wasserwirtschaft auf Gran Canaria offeriert. Hier haben Frauen und Männer mit Anstrengung und Beharrlichkeit meisterliche Konstruktionen geschaffen, die uns heute zu verstehen erlauben, wie im vergangenen Jahrhundert Wasser generiert wurde. Regenwasser war, ist und wird immer Gold wert sein.

Die Kunstwerke des Freiluftwassermuseums sind vielseitig. Auf der einen Seite Baurückstände, Ruinen und Trümmer sowie auch stillgelegte Gruben und Brunnen, auf der anderen Verrohrungen, Kanäle und Tuben sowie Staudämme und Schleusen. Hinzu kommen Weiher, Tümpel und Pfuhle sowie die Finca Samsó mit einigen Nebenbauten. Ein von Hunderten kanarischen Pinien flankierter, gigantesker, majestätischer Erbschatz, der mit bäumigen Blicken auf symbolische Inselgipfel und den nachbarschaftlichen Teide garniert ist. Wasser marsch! *¡Hala, aguas a la obra!*

Adresse El Paisaje y Cortijo de Samsó, La Meseta y el Pinar de Tamadaba, 35489 Agaete | Anfahrt von GC-210 oder 217 auf GC-216, an nördlicher Tamadaba Ringstraße rechts in Camino de Los Romeros, am Parkplatz rechts dem Weg folgen, links und rechts des Weges erstreckt sich das großzügige Areal bis etwa zum dritten Staubecken | Tipp Der Camino de Los Romeros endet nach mehreren Wanderkilometern am Plateau Era de Berbique, einer altkanarischen Tenne unter freiem Himmel mit eindrucksvoller Aussicht.

2 Der grüne Sonnenhut
El amor siempre gana

In Liebesdingen hat man sich schnell mal geirrt, verrannt oder gar vollends vertan. Ich hebe die Hand. Sogar beide. Doch wer die Sonne im Meer untergehen sieht und das Glück hat, den grell schimmernden grünen Sonnenhut zu erhaschen, der als Grünes Leuchten oder Grüner Blitz bekannt ist, der braucht sich um die Liebe nicht mehr zu sorgen. Denn einer schottischen Legende nach könne sich derjenige, der ihn gesehen hat, in Liebesdingen nicht mehr irren, wenn er der Stimme seines Herzens folge. Und eine grankanarische Legende geht sogar noch weiter: Wer dabei zu zweit ist, wird sich bis in alle Ewigkeiten lieben. Na dann!

Jules Verne baut in seinem einzigen Liebesroman »Le Rayon-vert« diese Legende als Leitmotiv ein und lässt seine romantische Hauptfigur Helena mit ihren beiden Onkeln Sib und Sam nach dem grünen Sonnenhut suchen. Auf der Reise lernen sie den netten jungen Mann Olivier kennen, der Helenas Gefühle anspricht und sich ihnen anschließt. Am Ende gelingt es ihnen, das physikalische Naturereignis zu erhaschen – da blicken sich Helena und Olivier in die Augen. Und genau dieses Bildmotiv hat im Frontispiz des Buchs einen Platz gefunden. Schmacht!

Éric Rohmer suchte für seine Schlussszene des Films »Le rayon vert« weltweit nach dem meteorologischen Phänomen und stellte in Gran Canarias Norden ein Jahr lang eine Kamera auf. Denn hier ergeben sich die klimatischen Bedingungen für einen Grünen Blitz besonders häufig. Aber Rohmer konnte nicht einen einzigen grünen Sonnenhut einfangen. Und so kreierte er in der Folge den wohl kleinsten und bewegendsten Spezialeffekt der Filmgeschichte. In der Schlussszene erleben die Protagonisten Delphine und Jacques den Grünen Strahl und offerieren eine schauspielerische Meisterleistung.

An der Küste der Gemeinde Agaete hat man gute Chancen. Im Freundeskreis habe ich mehrere Glückspilze. Ich bin noch keiner! Sie? Die Liebe habe ich trotzdem gefunden. *¡Te amo mi amor!*

Adresse Der Grüne Blitz, komplette Küste, zum Beispiel Playa Juncal oder Naturbäder Las Salinas, Anhöhen mit entsprechender Meeressicht | **Anfahrt** zum Beispiel entlang der GC-200 Parkbuchten oder Aussichtspunkte, an allen Stränden Agaetes oder auf der Mole und Promenade des Puerto de Las Nieves | **Tipp** Der Risco Faneque, der von der Mole des Hafens gut zu sehen ist, ist mit 1.027 Metern das höchste europäische und siebthöchste Kliff der Welt. Zu seinen Füßen erstreckt sich die Playa Faneque.

3 Der indigene Strand
Chepre, Re und Atum oder: Sonnenanbeter im Flow

»Tausendundein Strand« wäre ein guter Titel für eine Geschichtensammlung zu Gran Canaria. Mit über 100 Stränden ist die Insel, gemessen an ihrer Größe und geologischen Beschaffenheit, eine der meistbestrandeten Eilande der Welt. Es bietet jedem Strandgängertyp den ihm entsprechenden Strand. Die Playa de Guayedra liegt etwas versteckt, ist ganzjährig wenig besucht und eignet sich für die Ausübung des Freikörperkults. Der Weg dorthin ist mit etwas Laufaufwand verbunden und verlangt eine gewisse Trittfestigkeit.

Dieser Strandabschnitt fungierte in altkanarischen Zeiten als Ort für Rituale und Zeremonien. Die Altkanaren huldigten hier vor allem ihrem Sonnengott. Das mal kleiner, mal größer untergehende Rundmonster am Horizont, das die Helligkeit mit in den Abgrund nimmt und die Dunkelheit zur Königin macht, muss eine furchteinflößende Wirkung gehabt haben. Aber weit gefehlt! Klar, man wollte es sich mit dem Sonnengott nicht verscherzen, aber vielmehr schrieb man der Sonne einen göttlichen Charakter zu und verehrte sie. Die Sonne, die Magec genannt wurde und weiblichen Charakters war, stand im Zentrum der Devotionen.

Die Altkanaren entwickelten sich von einer magisch-kultischen Zivilisation zu einer deistischen. Der solare Kult, zu dem ein lunarer hinzukam, fand seinen Ausdruck auch in der Höhlenmalerei und Irdenware. Sie verehrten die Gesamtheit der Gestirne, die das Firmament im Wandel der Erddrehung zu Tage oder Nacht förderte, und ließen dies überall miteinfließen. Magec war jedoch das zentrale Element ihrer Kosmogonie, und sie glaubten daran, dass die menschlichen Seelen Töchter von Magec waren.

Eine besondere Feierlichkeit fand an diesem Strand jährlich in den Morgenstunden samt Sonnenaufgang des 21. Juni statt. Es wurde der »Triumph der Sonne« gefeiert. Pflanzliche Gaben wurden verbrannt und frische Ziegenmilch durch die Luft geworfen wie sonst nur Konfetti zur Fastnacht. Hurra!

Adresse Playa de Guayedra, 35489 Agaete | **Anfahrt** auf GC-200 Agaete – La Aldea bei Kilometer 5,2 gegenüber der Bushaltestelle dem Geländeweg talwärts folgen, bei Rechtskehre limitierte geduldete Parkmöglichkeiten, dem Weg zu Fuß weiter folgen, am Privatgrundstück gen Ufer entlanglaufen, dann rechts zum Strand | **Tipp** Die Playa de Sotavento ist der unmittelbare Nachbar und wird als preciosa und salvaje, herrlich und wild, bezeichnet.

AGAETE

4 — Die Kaffeeplantage
Einzigartige Böhnchen für außergewöhnlichen Kaffee

Auf Gran Canaria gibt es vieles, was es anderswo nicht gibt. Und so gibt es eben auch mancherlei Kaffeeplantagen. Wir Europäer konsumieren das schwarze Gold – oft nicht mehr als braune Brühe – bis zum Abwinken. Und wir rösten die Kaffeekirschen, ob industriell oder trommelnd, was das Zeug hält. Doch die Steinkerne müssen wir stets importieren. Nicht so im Valle de Agaete. Kein europäisches Fleckchen Erde bietet dem anspruchsvollen Kaffeebaum die erforderlichen klimatischen Bedingungen, außer dieses hier, im fruchtbarsten Tal der Insel.

Vom Hochland Abessiniens über Arabien, Sri Lanka und Amsterdam bis nach Agaete in die besonnenen Hände Santiagos. Bereits seine Großeltern besaßen Kaffeebäume für den Eigengebrauch in ihren Gärten. Erst seit Santiago vor wenigen Jahren das Projekt »Café Platinium« aus der Taufe hob, wird hier gezielt kultiviert, und zwar ökologisch. Das Resultat steigt zum Himmel hinauf, Santiagos Kaffee betört jeden Gaumen, der von Kaffee träumt. Auf seiner tropischen Finca lässt er zwischen den Kaffeebäumen zahlreiche andere Früchte gedeihen. Papayas, Guaven, Kaktusfeigen, Avocados, Mangos, Orangen, Zitronen und viele mehr.

Derzeit – und es soll nach seinem Wunsch auch so bleiben – ist es Santiago selbst, der Sie durch die elysäische Plantage führt und Ihnen auf recht spanisch-spartanischem Englisch sein Herzblut ausschüttet. Auch ein paar Brocken Deutsch und Italienisch hat er im Repertoire, aber keine Sorge, Sie werden, egal, woher Sie kommen, trotz vermeintlicher Sprachbarriere alles verstehen. Es gibt sie noch, diese warmherzigen und frohgemuten Menschen, die für ihr Handwerk brennen, mit großer Leidenschaft andere daran teilhaben lassen und ganz im Sinne des kleinen Prinzen mit dem Herzen sprechen. Wer einmal die ganze Vielfalt des Tals im Mund haben möchte, der lässt sich von Santiago erst durch seine Finca führen und dann einen Kaffee einschenken.

Adresse Café Platinium, Finca de Santiago Lugo, Paseo de Los Romeros 2, 35489 El Valle de Agaete, Agaete | **Anfahrt** von GC-2 abfahren, durch Agaete hindurch auf GC-231, Beschilderung zur Finca folgen | **Öffnungszeiten** täglich, Sommer 11–19 Uhr, Winter 11–17 Uhr, Preis für Eintritt, Führung und Verkostung 10 Euro, Tel. +34/635/510980 | **Tipp** Am Ende der GC-231, hinter dem letzten Ort Los Berrazales, liegt das Bergdorf El Sao mit seinen originellen Häusern. Vom Parkplatz aus den Schildern nach Fagajesto folgend, gibt es insgesamt drei Mühlenruinen zu bestaunen. Die zweite sogar mit funktionierendem Quellwasserhahn.

AGAETE

5 Die ökologische Residenz
Ökologisch verantwortungsvoller Habitus Naturalis

Der opulente Landstrich Guayedra, zwischen Lomo del Manco und Lomo de Faneque, war das einzige Guanchengebiet des gesamten kanarischen Archipels, das im Zuge der spanischen Eroberung im 15. Jahrhundert einen Unabhängigkeitspakt mit dem kastilischen Königshaus verhandeln konnte, der eine klausulierte Souveränität garantierte. Es war das indigene Oberhaupt Tenesor Semidán, das den Deal mit großer Weitsicht eintütete. Tenesor sprach bei den Königen vor, ließ sich taufen, seinen Namen in Fernando Guanarteme ändern und galt fortan als treuer Verbündeter des spanischen Königshauses. Im Gegenzug durfte er ein Territorium wählen. Er entschied sich wohlweislich für Guayedra und zog mit etwa 40 Großfamilien dorthin. Unter Historikern wird er, je nach Fasson, als Verräter oder Verhandlungskünstler bezeichnet.

Zerklüftete Felsenwände mit imposanten Höhen und kurze, schroffe Senken bilden das Tal von Guayedra, das sich mit seiner großzügigen Ausdehnung gen Meer öffnet. Jahrzehntelang wurde das Gebiet wegen Grundbesitzstreitereien vernachlässigt, doch seit geraumer Zeit wird die Revitalisierung und Wiederaufforstung vorangetrieben. Ein von endemischen Pflanzen und Tieren nur so strotzendes Eldorado wird wieder aus seinem Dornröschenschlaf geweckt und erstrahlt in blühendem Glanz.

Im Redondo de Guayedra steht der ökologisch verantwortungsvolle Habitus Naturalis im Mittelpunkt. Die mehrgeteilte, komplett sanierte Finca, so wie auch Sportanlage, Fitnessstudio, Swimmingpool und Bodega, harmonieren in idyllischer Konformität mit dem biologischen Garten, in dem Dutzende Obst- und Gemüsesorten gedeihen. Des Weiteren werden unterschiedliche Nutztiere gehalten, darunter Hühner, Enten, Schafe, Ziegen und die Eselstute Margarita. Alle selbst produzierten Erzeugnisse finden in der regional-lokalen Küche Verwendung. Sogar eigens hergestellter Honig und Kaffee werden den Übernachtungsgästen hier serviert.

Adresse Redondo de Guayedra, Barranco de Guayedra, s/n, 35489 Guayedra, Agaete, Tel. +34/928/898586, www.redondodeguayedra.com | **Anfahrt** auf GC-200 Agaete – La Aldea bei Kilometer 5,2 gegenüber der Bushaltestelle dem Geländeweg talwärts folgen, großes verschlossenes Holztor mit Sprechanlage | **Tipp** Das Restaurant Los Almácigos de Guayedra (GC-200 Kilometer 5), im Frühjahr 2018 eröffnet, integriert sich nahtlos in das ökologische Szenarium und offeriert seinen Gästen kanarisch-fusionierte Kulinarien in distinguiertem Ambiente. Lust auf einen gebratenen saharianischen Kalmar auf Blattgemüsesprossen-Koriander-Salat?

6 — Die Regenbogengumpen
Farben verleihen Flügel im Denken und Fühlen

Gran Canaria ist die Meisterin der Farbsynthese. Es gibt nicht eine Farbmischung, die in ihrem Farbrepertoire mit Abwesenheit glänzt. Farben sind das Lächeln der Natur und aufgrund sichtbarer elektromagnetischer Strahlung mittels Reizung der Netzhaut für uns wahrnehmbar sowie fühl- und deutbar.

Die Farben sind Taten des Lichts, Taten und Leiden, wie uns bereits Johann Wolfgang von Goethe lehrte. Das Auge bedarf ihrer, wie es des Lichts bedarf. Zu eigen haben sich diesen Leitsatz die Gumpen des Biosphärenreservats El Risco de Agaete gemacht. Das Wasser schimmert auf der Oberfläche changierend von Augenblick zu Augenblick, je nach Lichteinfall, Sonnenstärke und Wolkenspiel, und zelebriert eine Flut Hunderter Farbnuancen. Die sinnliche Welt der Farben lässt die verschiedenen Schichten der Wirklichkeit auflodern, existierend ohne Berechnung, lediglich im Orbit der eigenen Imagination.

Vom Ort El Risco aus führt ein anfangs beschilderter Weg durch die schroffe Senke mit ihren schrulligen Steinformationen und ihrer polymorphen Flora zur Hauptgumpe, die von einer etwa 20 Meter hohen Kaskade gespeist wird. Die Route dorthin ist von funkelnden, kolorierten Naturschätzen gesäumt und hält für das wachsame Auge die eine oder andere Überraschung bereit. Direkt an der Hauptgumpe entsteht ein geologisch-metaphysisches Phänomen, das im willkürlichen Zusammenspiel vom sich im freien Fall befindlichen Wasser und der Felsentonalität mannigfaltige wie amüsante menschliche Antlitze erkennen lässt.

Je nach Jahreszeit und Füllstand der Gumpen laden die Wasserlöcher zum Baden und Planschen ein. Oft begleitet von dem einen oder anderen Piepvogel, der sich gern mal zum Trällern eines Liedchens hinreißen lässt. Wer Körper und Psyche, Herz und Seele im Rausche der Farbenlehre in Resonanz mit sich selbst bringen möchte, wird an diesem schwärmerischen Ort sein kunterbuntes Wunder erleben.

Adresse Los Charcos Colorados, auch El Charco Azul, 35489 El Risco, Agaete | **Anfahrt** GC-200 zwischen Kilometer 13 und 14, der Weg durch den Ort bis ins freie Terrain ist mit »El Charco Azul« beschildert, die Gumpen verteilen sich auf der ganzen Wegstrecke und weisen einem den Weg | **Tipp** Rechter Hand der Hauptgumpe geht es weiter nach oben, jedoch auf unbetretenen Pfaden, Richtung eines doppelten Wasserfalles, der bei entsprechenden Wassermengen dem Charco Azul beinahe die Show stiehlt.

7 — Der völkerverbindende E 7
Von El Hierro bis zum Schwarzen Meer

Schon mal was vom E 7 gehört? Liesche Gruppe, Hubble-Sequenz, aufstrebende Schwellenländer? Nichts dergleichen! Der E 7 ist der siebte von insgesamt zwölf europäischen Fernwanderwegen und soll den Atlantik mit dem Schwarzen Meer verbinden. Aktuell beginnt er am antiken Nullmeridian auf El Hierro und reicht bis zur rumänischen Grenze. Das letzte Stück zum Schwarzen Meer ist noch nicht markiert. Und ebenso führt der Weg noch nicht über Gran Canaria, auch wenn die Route feststeht. Sie soll von Puerto de Las Nieves nach Maspalomas führen. Alle anderen Inseln sind schon dabei, bald also komplettiert Gran Canaria das Septett.

Insgesamt wird der GR 131, wie der GR-Fernwanderweg der Kanaren des E 7 heißt, dann knapp 600 Kilometer lang sein. Gekennzeichnet sind die Routen mit zwei waagerechten Strichen, die übereinanderstehen. Der untere rot, der obere weiß. Angebracht auf Steinen, Felswänden oder Baumstämmen. Das Ganze ist natürlich nichts für jedermann, aber die geplante Route auf Gran Canaria ist teils kongruent mit dem Camino de Santiago, also dem einzigen Jakobsweg auf den Kanaren. Und auf einen Jakobsweg gehen, das liegt doch voll im Trend.

In den Sommermonaten kann es auf der ganzen Insel sehr heiß werden, und die hohe Luftfeuchtigkeit tut ihr Übriges, aber die restlichen Jahreszeiten sind wettertechnisch nahezu eine Bank fürs Durchkreuzen der Insel. Gibt es eine bessere Art, Gran Canaria in all seiner reichen Herrlichkeit aufzusaugen? Einmal quer über die Insel laufen, das Ambiente und die Magie der Insel einatmen und die Menschen, die man auf dem Weg trifft, kennenlernen? Und wie bei jedem Abenteuer kommt man auch sich selbst ein Stück näher. Denn eins ist klar, die einzig wahre Reise des Lebens ist die Reise zu sich selbst. In diesem Sinne könnte der GR 131 ein idealer Weg sein, um diese Reise zu beginnen oder fortzusetzen. Auf zu neuen Grenzen! *¡Ampliar horizontes!*

Adresse GR 131 E 7, Puerto de Las Nieves, 35489 Agaete, Routenmarkierung in der Mache | **Anfahrt** von GC-2 oder GC-200 auf GC-172, Beschilderung zum Hafen folgen | **Tipp** Der angesprochene Jakobsweg führt von der Parroquia de Santiago de los Caballeros Gáldar über die Cruz de Tejeda bis zu den Dünen von Maspalomas.

8 — Der belebte Skulpturenort
Skrupellose Skulpturen skalpieren skabiöse Skinks

Skabiöse Skinks skalpieren skrupellose Skulpturen. Zumindest so oder so ähnlich. Jedenfalls ist der Ort Agüimes ein Eldorado der Skulpturen. Wobei es eigentlich nur Dorado heißen müsste. Dem Eldorado ist es nämlich wie dem Alkohol ergangen. Beim arabischen »al-kuhl« ist das »al« schlichtweg, wie beim spanischen »el dorado« das »el«, der Artikel zum Nomen. Miteinander verschmolzen ergeben sie eine kecke Wortschöpfung – wie, warum und weshalb, ist erst mal egal.

An jeder Ecke, auf jeder Verkehrsinsel, in jeder Gasse und wahrscheinlich auch unter jedem Zylinderhut – aufgrund eines Mangels an Skulpturen wird dieser Ort nicht in Vergessenheit geraten. Die Agüimeseaner sind vernarrt in ihre Skulpturen, und nahezu wöchentlich kommt eine neue dazu. Platz scheint es noch genug zu geben, schließlich empfinden sie die Skulpturen als Verschönerung ihres Ortes, da wird dann auch mal ein Plätzchen auf privatem Grundstück zur Verfügung gestellt. Außerdem geschieht das alles im Rahmen des Projektes »Agüimes, un museo al aire libre«, was frei übersetzt so viel heißt wie »Agüimes, ein Museum unter freiem Himmel«.

»Los Enamorados« ist eine äußerst beliebte Skulptur von Ana Luisa Benítez und steht im Callejón el Reloj, einer Gasse, die die Calle el Sol und die Calle el Progreso miteinander verbindet. Abgesehen von »Die Verliebten« stehen noch weitere Skulpturen der vielseitigen grankanarischen Künstlerin in Agüimes. Benítez gilt als eine der Erlesensten ihrer Zunft.

»El Futuro es Mujer« ist eine unscheinbare, aber symbolträchtige Skulptur von Francisco Suárez Díaz und steht am Ortsausgang direkt an der Avenida la Salle, die gleichzeitig die GC-100 ist. »Die Zukunft gehört der Frau« ist aus dem Jahre 1998, und ihre Symbolik ist heute in Zeiten der Gleichberechtigung, der Frauenquote, der MeToo-Debatte und der ESC-Gewinnerin Netta aktueller denn je.

Adresse »Los Enamorados«, Callejón el Reloj, s/n, zwischen Calle el Sol und Calle el Progreso, 35260 Agüimes; »El Futuro es Mujer«, Avenida la Salle, s/n, an der Ecke zur Calle Juan Ramon Jimenez, 35260 Agüimes | **Tipp** In der Calle Dr. Joaquín Artiles 42 befindet sich das Restaurant Alpendre del Arte. Schneckeneintopf, gegrillter Paprikasalat mit Thunfisch, frischer Fisch, ausgeruhtes Fleisch aller Arten vom Grill und dazu ein Opuntienfruchtcocktail. Na? Hungrig geworden?

9 Die charmante Käserei
Zicken, Böcke, Mönche und ein paar Dreikäsehochs

Zwei vergilbte mehrsprachige Schilder, eines an der nächstgelegenen Straßenkreuzung, eines direkt am Hof, lassen vermuten, dass es hier eine Käserei gibt. Und tatsächlich, auch wenn das Hofareal alles andere als einladend daherkommt und verlassen wirkt, wird hier nach Familientradition Ziegenkäse in kleiner Produktion hergestellt. Die Schilder sind noch aus vergangenen Zeiten, in denen die nun alte Generation ab Hof verkaufte. Was auch die jetzige tut, jedoch nicht mehr primär an Laufkundschaft. Gelegentlich verirrt sich mal ein Nolandman hierher, der aber mehr seiner Intuition folgte, als gezielt die Käserei anzusteuern. Verkauft wird eigentlich an einheimische Käse-Epikureer oder direkt an Käsehändler. Im Supermarkt werden Sie den Käse jedoch nicht finden.

Ich war das erste Mal zusammen mit meinem Vater dort, sicherlich vor gut 20 Jahren. Und gestern wie heute schmeckt der Käse ausgezeichnet. Als ich das letzte Mal zu Besuch war, um Käse zu kaufen, empfing mich die Aufwartefrau, mit der ich erst mal eine Käseschlemmerei veranstaltete. Ganz rudimentär, ganz unkompliziert und ganz ohne Chichi, Schmu Schmu und Schnickischnacki, aber dafür mit viel Schwatzi Schwatzi. Himmlisch! Es wird fester Schnittkäse und Hartkäse mit verschiedenen Rinden angeboten. Exzellent!

Wie sagte einst Gustave Flaubert: »Ein Essen ohne Käse ist wie eine schöne Frau, der ein Auge fehlt.« Pikant! Abgepackte Käsestücke gibt es übrigens nicht, grundsätzlich geht der teils preisgekrönte Käse laibeweise raus. Aber es gibt in der Regel meist den einen oder anderen angeschnittenen Laib, von dem Sie ein Stück abhaben können.

Der Hof ist Produktions- und Wohnstätte zugleich. Pomp und Prunk werden Sie hier nicht finden, dafür einen kleinen Kühlraum, ein paar Gerätschaften und natürlich jede Menge Zicken, Böcke, Mönche und Dreikäsehochs, sprich Kitze. Alles Käse oder was?

Adresse Quesería La Era del Cardón, GC-551, s/n, 35270 Agüimes | **Anfahrt** GC-551 zwischen Kilometer 6 und 7 | **Öffnungszeiten** keine regulären Zeiten, die meisten Kunden kommen vormittags | **Tipp** Auf der GC-551, an der Kreuzung mit der GC-65, steht eine Gebäuderuine mit Höhlenelementen. Mit etwas Glück finden Sie dort oder in unmittelbarer Umgebung einen Opal oder Olivin, für die diese Gegend bekannt ist und die früher einmal in diesem Gebäudekomplex zu Schmuck verarbeitet wurden.

10 Der erstklassige Surfspot
Everybody's gone surfin', surfin' Gran Canaria

Da hat Brian Wilson von den Beach Boys doch tatsächlich vergessen, einen Surfspot auf Gran Canaria in den Liedtext des halb plagiatorischen Songs »Surfin' U.S.A.« zu integrieren. Er wusste es wohl nicht besser, es sei ihm verziehen. Die Playa de Vargas ist definitiv einer der attraktivsten Surfspots der Insel und ist anhand einer imaginären Meerestrennlinie in drei Bereiche unterteilt: Der nördliche Teil ist Badegästen vorbehalten, der mittlere Bereich den Windsurfern und der südliche den Kitesurfern. In die Quere kommt man sich kaum, auch wenn Juanmi, einer meiner guten ansässigen Freunde, immer wieder klagt, dass viele Ortsunkundige, aber selbst auch Ortskundige, darauf pfeifen.

Gemeinsam mit anderen Surfkumpanen hat Juanmi eine Whatsapp-Gruppe, in der täglich die wichtigsten Infos die Runde machen. Es gibt immer jemanden, der auf der Suche nach den besten Bedingungen ist, und so tauschen sie sich untereinander aus und wissen im Laufe des Morgens, an welchem Surfspot der Insel die besten Wellen schlagen oder der Wind am günstigsten steht. Oft hier!

Die Playa de Vargas ist ganzjährig von Wind verwöhnt. In den Wintermonaten und bis in den Frühling hinein gilt der Spot als einer der besten, aber selbst in den Sommermonaten kann er dem viel bekannteren Surfspot Gran Canarias, dem Pozo Izquierdo (siehe Ort 77), das Wasser (und den Wind) reichen. Bei Flut ist der Spot wild, und es kommen vermehrt Shorebreaks auf. Generell für alle Leistungsniveaus geeignet, verlangt er an starken Tagen Erfahrung.

Sie haben vielleicht schon mal den Namen Philip Köster gehört? In Las Palmas de Gran Canaria geboren und in Playa de Vargas als Kind von hamburgischen Surfschullehrern aufgewachsen, ist Philip der erste deutsche und weltweit zweitjüngste Windsurf-Weltmeister in der Disziplin »Wellenreiten«. Mit etwas Glück teilt man sich mit ihm die Wellen. Surfomat!

Adresse Playa de Vargas, 35269 Vargas, Agüimes | **Anfahrt** von GC-1 auf GC-100 Richtung Cruze de Arinaga, weiter auf GC-191, westliche Parallele zur GC-1, Richtung Playa de Vargas auf GC-2-6 abbiegen, der Beschilderung folgen | **Tipp** Der Campingplatz Vargas mit Restaurant, Wohnwagenbereich, Zeltplätzen, Holzhütten und Grillplätzen ist einer der größten der Insel und nicht nur Surfern vorbehalten. PS: Sorry, nein, Juanmi hat mir nicht erlaubt, seine Nummer zu veröffentlichen.

11 Die fulminanten Höhlen
Ein Findelkind in der Obhut eines Riesen

Ein Riese, eine Fledermaus und ein Menschenkind, schon hat man die Zutaten für eine geheimnisvolle Sage. Dieser zufolge wurde der aus Rom stammende Riese Gigamonomagig in seiner Höhle vom Weinen eines Kindes wach. Es kam vom Höhlenensemble auf der anderen Seite der Schlucht, das vorwiegend als Kornspeicher diente, aber auch Schlafkuhlen und einen Kryptabereich hatte.

Gigamonomagig wollte nach dem Kind sehen, aber der Höhlenzugang war zu klein für ihn. Da kam ihm die muskulöse Fledermaus Manam zu Hilfe und flog ihm das Kind kurzerhand herüber. Es hatte ein Armband um, auf dem »Anna« stand. Am nächsten Tag, und auch an den darauffolgenden, gab es von den Eltern keine Spur. Gigamonomagig wurde klar, dass das Kind ausgesetzt worden war, und so wuchs das Menschenkind fortan bei ihm auf.

Die Sage steht für die Nächstenliebe aller Wesen des Kosmos. Wer nacheinander beide Höhlen besucht, wird mit einem Liebeszauber belegt, wenn er aus der Höhle heraus fünfmal hintereinander folgenden Zauberspruch vorwärts und rückwärts in die Schlucht schmettert: »AMOR VALE ANNA ELAV ROMA«.

Die »Cuevas del Pósito«, fälschlicherweise auch als »Cuevas de La Audiencia« bekannt und (unter den Temisasianern) genau genommen als »Cuevas del Risco Pintado«, sind über einen Trampelpfad erreichbar, der 50 Meter vor der Bushaltestelle auf der GC-550 etwa bei Kilometer 9 gegenüber der Calle los Blanquiazules nach »La Inmaculada« (direkt am Anfang Parkmöglichkeiten) abgeht. Der Höhleneingang ist mitunter knifflig zu finden, aber die Suche lohnt sich: ein langer, enger, aber gut zugänglicher Eingangstunnel, zwei säulenverbundene Höhlen und über 20 verschieden große Löcher, sprich Silos. Ebenso spektakulär ist die »Cueva del Gigante«, zwar ohne Silos, aber mit etlichen Verschachtelungen. Der Eingang ist ebenso auf den ersten Blick unscheinbar, aber kleiner, enger, und ein Durchkraxeln ist nötig.

Adresse Cuevas del Risco Pintado und Cueva del Gigante, GC-550, s/n, 35280 Temisas, Agüimes | **Anfahrt** Cuevas del Risco Pintado: GC-550, bei Kilometer 9 Nähe Bushaltestelle dem Trampelpfad folgen, bei Gabelung rechts nach oben, dann mittig weiter zum etwa 100 Meter entfernten Eingang; Cueva del Gigante: GC-550, bei Kilometer 6,5 rechts am Observatorium vorbei, auf linker Seite nach etwa 100 Metern | **Tipp** Im Weiler Temisas gibt es die Piscina Municipal, das Gemeindefreibad mit Amphitheater-Flair. Nur im Sommer geöffnet.

AGÜIMES

12 — Das kanarische Gold
Im Herzen ein Vulkan, auf der Zunge ein Gedicht

Rhodium ist das teuerste und spekulativste Edelmetall auf Erden, aber an die Symbolkraft von Gold, hinsichtlich Reichtum, Kostbarkeit und Erlesenheit, wird es nie heranreichen. Und so kommt es auch, dass eben Gold und nicht ein anderes Metall als lexikalisierte Metapher gern Pate steht. Es gibt das schwarze Gold, je nach Fasson ist damit Erdöl (eigentlich schmutzige Malice), Trüffel oder Kaviar gemeint, das weiße Gold, Zucker (eigentlich weißes Gift), Marmor oder Salz, und dann gibt es noch das kanarische Gold alias kanarisches Olivenöl.

Lange Zeit stiefmütterlich behandelt, erlebt die kanarische Olivenölproduktion in den letzten Jahren einen regelrechten Boom, ähnlich wie die Aloe-vera- und die Weinproduktion. Heimische Erzeugnisse sind in globalisierten Zeiten der kostenorientierten Massenproduktion gefragter denn je, und so legen auch hier etliche Familien und Unternehmer ihren Fokus auf regionale ökologische Landwirtschaft. Aufgrund von anderen Monokulturen und Massentourismus lagen auf der Insel die Olivenhaine mitunter über Jahre hinweg brach, bis nun im Zuge des Generationenwechsels die Jungen zurück auf die Felder der Großeltern gehen und die jahrhundertealte Olivenöltradition mit zeitgemäßen agrarkulturellen Methoden wieder aufleben lassen.

Die Familie um Mama Rita und Sohn Manuel startete ihr Olivenölprojekt vor gut zehn Jahren und zählt heute zu den prämierten Olivenölerzeugern der Insel. Ihre *almazara*, wie die Pressstätte auf Spanisch bezeichnet wird, samt einem der ältesten Olivenhaine der Insel mit unglaublichen Aussichten liegt in einem kleinen, abgelegenen Örtchen der südöstlichen mittleren Höhenlagen. Bei einer Führung durch Hain und Stätte wird hier auch darauf bestanden, dass das schonend kalt gepresste kanarische Gold mit vulkanischen Wurzeln geschmeidig in der Gunst der Speichelsymbiose die Kehle herunterfließt. Goldkehlig!

Adresse Almazara Oro Canario, Lomo de la Cruz, s/n, 35118 Agüimes | **Anfahrt** auf GC-551 zwischen Kilometer 4 und 5 auf GC-815, bei Camping de Temisas in scharfer Linkskurve steile Offroad-Straße nach rechts, Eingangstor nach etwa 100 Metern | **Öffnungszeiten** Besichtigung und Führung nach telefonischer oder schriftlicher Absprache, Tel. +34/669/346219, info@orocanario.com | **Tipp** Der Campingplatz Temisas bietet ein häuslich-heimeliges familiäres Ambiente, auf das Doña Carmen, die Hausherrin und gute Seele, großen Wert legt.

13 — Die kolossale Schlucht
Vor Freude schluchzen, die Schönheit imponiert

Gran Canaria ist die Insel der Schluchten. An jeder Ecke lauert, kauert und mauert eine Schlucht. Es gibt nicht einmal eine offizielle Zahl, es sind Hunderte, wenn nicht Tausende. Schluchten gehören zu den markantesten differenziellen Wesenszügen der Insel und stellen ihre wichtigste geomorphologische Eigenart dar. Diese einzigartigen Gefilde bilden urwüchsige Ökosysteme mit reicher Biodiversität, in denen eine weitestgehend autochthone Flora herrscht und zahlreiche kanarische und makaronesische Endemismen vorkommen. In der Vergangenheit boten sie den frühen Ansiedlern Unterschlupf, heute sind sie Naturrefugien oder dienen dem Gedeihen landwirtschaftlicher Naturalien. Weitestgehend werden sie aber sich selbst überlassen und stehen unter Naturschutz.

Nichtsdestotrotz wird mal mehr, mal weniger eingegriffen und vor allem auch gebaut. So auch in der kolossalen Schlucht von Guayadeque, mit 743,7 Hektar eine der flächengrößten der Insel. Es gibt ein paar kleine bewohnte Zonen, prähispanische troglodytische Höhlenkolonisationen, altkanarische Begräbnis- und Speicherhöhlen, in denen unter anderem mit Haut überzogene Mumien gefunden wurden, eine schmucke Kapelle, einige Ruinen, mehrere Bewirtungsbetriebe und Übernachtungsquartiere und natürlich die recht breite Straße, die direkt, aber federleicht geschwungen ein paar Kilometer durch das Tal verläuft.

Die gut erschlossene Schlucht ist aufgrund ihrer kommerziell-kulturellen Nutzung ein beliebtes Ausflugsziel, sowohl bei Einheimischen als auch bei Besuchern.

Guayadeque ist ein guanchisches Wort mit wahrscheinlich afrikanischem Ursprung. Die Kanarischen Inseln gehören topografisch zu Afrika, und obwohl die Herkunft der Guanchen, also der Altkanaren, nicht abschließend geklärt ist, gibt es die Theorie, dass sie von Wüstenbewohnern der Sahara abstammen. Das afrikanische Präfix »Wua« ist »Gua« gleichzustellen.

Adresse Barranco de Guayadeque, 35260 Agüimes, gesamte GC-103 ab etwa Kilometer 1,5 | **Anfahrt** von GC-100 im Norden der Ortschaft Agüimes auf Calle la Orilla, GC-103 | **Tipp** Das Interpretationszentrum von Guayadeque befindet sich direkt auf der GC-103, zeigt die Geschichte der Schlucht und prähistorische Kunst.

AGÜIMES

14 Der maritime Mondweg
Promenaden gibt es viele, magische nur wenige

Der Himmel klar, die Sterne hell. Es ist Mitternacht, und der Mond wacht. Die Magec (siehe Ort 3, also die Sonne) verschwunden und dennoch mit dickem Fell. Die Wellen schlagen sich ein ums andere Mal, bis es kracht. Letztlich ist es die Dunkelheit, die regiert. Weder mit Schrecken noch mit Angst, dafür ganz ungeniert. Allein die Gedanken tragen einen Schritt für Schritt. Der Geist in Freiheit, ungestört und in glücklicher Melancholie. Es gibt sie, diese Augenblicke im Erdensein, der stimmigen Melodie. Ruhiges, kontemplatives Schlendern statt des aufgeregten, wilden Ritts. Ein Gefühl wie sanfte Schmetterlinge im Liebesrausch. Oder lebenshungrige Teenager im Bildertausch.

Diese Strandpromenade hat an einem lauen Sommerabend in einer himmelschreienden Nacht lauter Asse im Ärmel. Hängen Sie sich an den Arm Ihres Liebsten Torben, Heribert oder Raginald oder Ihrer Liebsten Faralda, Miltraud oder Bärbel und flanieren Sie genüsslich ein Stündchen hin und zurück. Und genehmigen Sie sich in einem der Lokale, ob flüssig oder kaubar, ein Gaumenglück. Aber Vorsicht vor der Kakerlake, diese Biester erwachen zu später Stunde, es gibt keine schlimmere Plage, doch Abendstund hat Gold im Mund.

Im Meer schwimmt das Essen von morgen, je mehr Meer desto größer die Mär. Das Salz in der Luft prägt den Charakter der auf dem Land wohnenden Charaktere, so charakteristisch sanft und wild zugleich. Küstenvögel mit und ohne Flügel, aber stets auf zwei Beinen, lassen sich von der willkürlichen Atmosphäre treiben. Wie Treibholz im Tanz der Moleküle geben sich Atome und Quanten die Hand.

Die unmittelbare Umgebung verschmilzt mit dem Horizont. Magische Momente des Atmens, Zuhörens und Fühlens. Ein Ort zum Verweilen. Ein Ort der kontemplativen Zeit. Die Zeit steht still. Keine Uhr, nur die Ruhe tickt. Wer hier nicht träumt, hat das Träumen verlernt, wird es aber wiederfinden. *¡Vivir es soñar!*

Adresse Paseo Marítimo de Arinaga, 35118 Arinaga, Agüimes, vom südlichsten Teil der Promenade über die Mole auf die Punta del Mato (bis hin zum Leuchtturm) | **Anfahrt** von GC-1 auf GC-100 Richtung Arinaga, kurz vor Ortschaft rechts in Calle Almirante Arriaga abbiegen, dann links in Calle Magallanes, am Ende befindet sich der erste Promenadenabschnitt | **Tipp** Die Bar Ca'Beli in der Avenida Polizón inmitten der verkehrsberuhigten Fußgängerzone parallel zur Mole macht Hausmannseintöpfe zum Sichreinlegen und serviert auch noch zur Geisterstunde Drinks und Co.

15 Das mystische Geisterhaus
Verschmelzen von Wirklichkeit, Traum und Magie

Wenn man sich um die Dinge des Lebens nicht kümmert, tritt die Verwahrlosung ein, und alles nimmt selbstständig seinen Lauf – Ende ungewiss. So geschehen mit diesem architektonischen Leckerbissen, an dem der Zahn oder besser gesagt das ganze Zahngebiss der Zeit genagt hat. Aber auch die Zähne der Gespenster, Engel und Dämonen, die sich das Haus als WG teilen.

Das Haus hat auf den ersten Blick nichts mit Isabel Allendes Geisterhaus zu tun, das von Bille August mit Meryl Streep, Winona Ryder und Antonio Banderas verfilmt wurde. Dafür aber auf den zweiten Blick, denn Allendes Debütroman, eine chilenische Familienchronik, die mit reichlich Fabulierlust geschrieben ist, ist gespickt mit magisch-mystischen Merkmalen. Und damit kann das Haus auf fabelhafte Weise punkten.

Früher einmal wurde das Gebäude als Museum und Kunsthandwerksatelier genutzt und war dem breiten Publikum geöffnet. Ein verblichenes Schild an der Verkehrsstraße deutet diffus auf vergangene herrschaftliche Zeiten hin. In schwärmerischen Tagträumen katapultiert man sich in jene glanzvollen Zeiten und bekommt eine leise Idee davon, wie pulsierend und leiblich es hier mal zugegangen sein muss. Doch heute haben der Spiritismus, die Angelologie und Dämonologie Einzug gehalten. Es spukt, engelt und dämont, bis die Balken knarzen und sich biegen und zu Geistern werden. Es kursiert das Gerücht, dass sich eine Gruppe Gleichgesinnter regelmäßig im Haus versammelt, um spiritistischen Aktivitäten nachzugehen.

Der Ort ist von einer besonderen Aura umgeben und strahlt eine spezielle Energie aus. Man kann einmal drum herumlaufen. Hinten gibt es einen offenen verwucherten Hintereingang. An vielen Stellen ist die Natur mit dem mystischen Geisterhaus verschmolzen. Ein wahrhaft metamystisch-transzendentokkultes Haus, das durch Mark und Bein geht. Und manchen wohl auch durch den Magen.

Adresse La Casa de Los Espíritus, ursprünglich Museo y Artesanía El Molino, GC-191, s/n, Calle Mozart, 1, 35118 Las Rosas, Agüimes | **Anfahrt** von GC-1 auf GC-100 Richtung Cruze de Arinaga, weiter auf GC-191, westliche Parallele zur GC-1, Haus befindet sich direkt auf GC-191 an der verlängerten Ecke zur Calle Mozart | **Tipp** Auf der GC-191, Calle Granados 1, befindet sich das Lokal Las Rosas. Eine typisch spartanisch-kanarische oder besser gesagt kanarisch-spartanische Spelunke. Es gibt Suppen, Sandwiches und Grillgut.

16 Die steinerne Rodelbahn
Nicht lang, dafür markant und fulminant

Ein verborgener geologischer Schatz, der im Vergleich mit seinen Verwandten, wie dem Wadi Rum oder dem Wadi Bani Khalid, als Miniaturexemplar daherkommt. Lediglich auf einer Länge von nicht ganz 100 Metern erstreckt sich dieses Wadi, doch weiß es in bestechender Form zu entzücken: Geformt durch das Wasser entstand im Laufe der Jahrtausende ein kreativ-künstlerischer Mini-Canyon, der es locker mit Gemälden von Pablo Picasso aufnehmen kann. Malerisch wunderlich löst der Canyon ein Feuerwerk der Emotionen aus, als würde eine magische Energie die Atmosphäre zum Tanzen verführen.

Steht man mittendrin, fühlt man sich entweder wie in einer steinernen Rodelbahn oder auf irgendeinem anderen Planeten. Doch mitunter fühlen Sie auch etwas ganz anderes? In der richtigen Lichtstimmung mit klug ausgewähltem Bildausschnitt kann ein höchst surrealistisches Foto entstehen, womit wir dann wieder bei Picasso wären. Aber nur gucken, nicht anfassen! Beschmieren Sie zumindest nicht die Wände und hauen Sie keine Kerben hinein. So geschehen Anfang 2018, als sich *cabrónes* (siehe Ort 17), im wortwörtlichsten Sinne gemeint, einen schlechten Scherz erlaubt haben: Schmiereien und Einkerbungen! Als wäre dieser kostbare Schatz die Innenwand einer Toilette am Hauptbahnhof. Archipelweit bekannte Bergführer und Naturschützer verlangen nach diesem Vandalismus nun Schutz für das Wadi.

Richten Sie gelegentlich Ihren Blick auch mal gen Himmel. Es könnte gut sein, dass Sie beobachtet werden. Nein, nicht primär von einer Drohne oder einem Satelliten, sondern von einer *Calandrella rufescens*, gemeinhin als Stummellerche bekannt. Sollte dieser Singvogel in Trällerlaune sein, meist bei einem hohen Kreisflug oder einem ansteigenden Spiralflug, lauschen Sie Ihren Spannern. Richten Sie aber ja keinen Groll gegen dieses Vöglein, denn sonst rächt es sich mit einer gehörigen Portion Naturdünger.

Adresse Tobas de Colores del Barranco de Barafonso, auch Barranco de Las Vacas, 35270 Agüimes | **Anfahrt** GC-550, bei Kilometer 15 (eine einzelne inoffizielle Parkbucht vorhanden) vor der Brücke (südöstlich) die Leitplanke überqueren, dem Pfad nach unten folgen und durch den Brückentunnel gehen | **Tipp** Flankiert wird der Zwergwadi vom Lomo del Peladero und dem Seto del Capitán, die man mit Kletterausrüstung emporsteigen kann. Unten am Brückentunnel, in entgegengesetzter Richtung, nach etwa 200 Metern, befindet sich eine Steinbrückenruine aus dem 18. Jahrhundert. Eine Legende besagt, wer einbeinig drüberhüpft, der macht sich zum Affen.

17 Das Tauchgebiet El Cabrón

Der Geist muss öfters tauchen, um nicht zu kentern

»Irrtümer schwimmen wie Stroh auf der Oberfläche, wer nach Perlen sucht, muss tief tauchen.« So zum Besten gegeben zu seiner Zeit von John Dryden. Taucherfahrene wissen um die Perlenhaftigkeit des Meeresschutzgebietes »El Cabrón«, was übersetzt »Der Bock« heißt, genau genommen der Ziegenbock. Wobei manch einer nun den Finger heben wird und auf eine andere Bedeutung aufmerksam machen möchte. Ja, das Wort »cabrón« wird in Spanien häufig benutzt und kann wahlweise mit Mistkerl, Drecksau oder Arschloch übersetzt werden. In der Regel ist es jedoch alltagstauglich, meist mit einem Augenzwinkern gemeint, seltener als miese Beleidigung.

El Cabrón bietet ein komplexes submarines Ökosystem, bestehend aus Höhlen, Riffen, skurrilen Felsformationen, -öffnungen und -bögen. Zu Gesicht bekommt man eine Vielzahl von Meeresbewohnern, darunter Barrakudas, Rochen, Engelhaie, Seepferdchen und Tintenfische. Eine vulkanische Unterwasserlandschaft, die unter Kennern als eines der besten Tauchgebiete des Archipels gilt.

In Arinaga sind eine Handvoll Tauchschulen angesiedelt, sowohl PADI-zertifizierte als auch hippere, die obendrein das ultimative Spaßinstrument Scooter im Programm haben. Die torpedoförmige Fortbewegungshilfe, an deren Entstehen die Tauch-Legende Jacques-Yves Cousteau maßgeblich beteiligt war, ist nicht nur ein vergnügliches Gimmick, sondern ein durchaus nützliches Gerät mit technischer Finesse. Scootern unter Wasser dehnt den Aktionsradius aus, und mit einem perfekt getrimmten Scooter und entsprechendem Handling erweitert man seine taucherischen Möglichkeiten.

Äußerst beliebt sind auch jährlich stattfindende Unterwasserfotowettbewerbe wie der »Fotosub Las Palmas« oder »The Canary Islands Dive Photo Challenge«. Die Fotos werden im Rahmen einer Ausstellung oder online präsentiert.

Adresse La Reserva Marina del Cabrón, 35118 Arinaga, Agüimes | **Anfahrt** von GC-1 auf GC-100 Richtung Arinaga, kurz vor Ortschaft links in Calle Almirante Arriaga, dann rechts in Calle García de Toledo und links in Paseo del Faro, diesem bis zum Ende folgen und anstatt rechts zum Leuchtturm geradeaus weiter auf den Schotterweg bis zur Strandbucht Playa del Cabrón, Zugang in voller Montur vom Strand aus | **Tipp** Ein weiterer faszinierender Tauchspot, »La Catedral«, liegt nordöstlich von Las Palmas. Ein spektakuläres submarines Labyrinth in einem felsigen Massiv in einer Tiefe zwischen sechs und 40 Metern. Nur per Boot erreichbar.

18 Die tosende Sommerbar
Sitzen, strahlen, gaffen und sinnvoll trödeln

Für fulminante Furore sorgt Jahr für Jahr diese kleine, unscheinbare Sommerbar am Muelle de Arinaga. Sommerbar, weil sie nur während der Sommermonate ihre Pforten öffnet. In Scharen versammeln sich Lokalhelden und Inselbewohner vor und um die Bar und kreieren ein müßiges Ambiente des Dahinplätscherns. An einem sommerlichen Tag, ohne Terminhektik und mit geparkten Sorgen, gibt es kaum ein sinnvolleres Trödeln, als sich hier dem Rauschen in vielfacher Hinsicht hinzugeben. Meeresrauschen, Gedankenrauschen, Sonnenrauschen, Körperrauschen und, wen es danach gelüstet, das Trinkrauschen. Und vergessen wir nicht die Phantasie- und Sinnlichkeitsräusche. Das Leben sinnvoll vertrödeln, arg viel mehr braucht es eigentlich nicht, um Momente des Glücks zu zelebrieren.

In der kleinen Küche werden typisch kanarische Gerichte zubereitet. Der Renner ist der »Sancocho de cherne«, ein Wrackbarschgericht mit zweierlei Kartoffeln, rotem Mojo und Gofionockerl. Anderswo gern mal abgeschmackt, schwören die Lokalhelden hier auf das beste Generationenrezept der Insel. Unter Kennern ist die Bar auch als »El Bar del Sancocho« bekannt. Der Geheimtipp ist die »Ensalada Charquito«.

Ursprünglich hieß das Lokal »Bar de Catalinita«. Eröffnet um 1940 von Catalina, war die Bar das erste Lokal am Strand von Arinaga. Seither ist es in Familienbesitz, und das Gebäude hat sich abgesehen von etwas Fassadenfarbe und ein paar Instandhaltungsmaßnahmen kaum verändert. Im Grunde genommen ist es ein kleines Wohnhaus, das damals in doppelter Funktion genutzt wurde.

Das Lokal ist mit Regalen und einer Theke eingerichtet. An den Wänden hängen Bilderrahmen mit alten Fotografien von Arinaga. Bedient wird jeder, der in Sichtnähe ist, mit oder ohne Platz, mit oder ohne gezücktes Portemonnaie, sitzend, stehend oder schwimmend. Letztere bekommen ihre Bestellung per umgebautem ferngesteuerten Modellboot.

Adresse Bar Universidad, Avenida del Molino 2, 35118 Arinaga, Agüimes | **Anfahrt** von GC-1 auf GC-100 Richtung Arinaga, durch die Ortschaft auf Avenida Polizón, am Kreisverkehr rechts, zu Fuß nach 50 Metern auf rechter Seite | **Öffnungszeiten** Mai–Sept. Sa und So, ab späten Vormittag bis spät in den Abend | **Tipp** Die Playa de Arinaga und die Mole haben sich in den letzten Jahren zu einem angesagten Sonnenrefugium gemausert. Sonne tanken! Sandburgen bauen! Meeresrauschen lauschen!

19 Der verlassene Bunker
Nicht ganz legal, aber auch nicht scheißegal

General Francisco Franco ging aus dem Spanischen Bürgerkrieg als Sieger hervor. Er machte aus der Republik Spanien eine bis 1975 bestehende Diktatur. Im Zuge dessen verhandelte Adolf Hitler 1940 mit seinem spanischen Pendant über einen Eintritt Spaniens in den Zweiten Weltkrieg. Franco stellte hohe Forderungen, doch Hitler gestand sie ihm nicht zu. Später versuchte es der Führer ein weiteres Mal, doch Franco beharrte auf seinen Bedingungen. Eine historische Tragik in doppelter Hinsicht: Wäre Spanien eingetreten, wären spätestens 1945 Francos Tage gezählt gewesen. Zwar hätte man sich dann die blutige Diktatur erspart, aber eine noch unrühmlichere Rolle in der Weltkriegsgeschichte gespielt.

Deutsche und Briten spielten im Zweiten Weltkrieg auf den Kanaren Katz und Maus, nutzten den Archipel als wichtigen strategischen Ort. Doch die Deutschen hatten einen Vorteil: Franco erteilte ihnen einen Freibrief für die Benutzung aller spanischen Häfen und Flughäfen. Spanien wurde zum Hinterhof des Naziregimes, auf den Kanaren behielten jedoch die Briten die Oberhand. Nichtsdestotrotz fungierte zum Beispiel das heute luxussanierte Wörmann-Hochhaus in Las Palmas als Koordinationsort für deutsche Geheimagenten, und es wurden zahlreiche Militärbunker und Munitionsdepots errichtet.

Der verlassene Militärbunker von Arinaga ist ein wichtiger Zeitzeuge jener Verwicklungen. Zahlreiche Mythen ranken sich um ihn. Von paranormalen Aktivitäten über heidnische und satanische Rituale, Leichen und Kadaver bis hin zu geisterhaften Erscheinungen ehemaliger Soldaten ist alles dabei. Verschlossene Tore an den jeweiligen Ein- und Ausgängen sind für Adrenalinjunkies kein Hindernis. Doch Obacht, sowohl im Bunker selbst als auch auf dem Weg dorthin. Vereinzelte Obdachlose verwahrlosen auf der Montaña de Arinaga in höhlenartigen Unterkünften und reagieren mitunter flatterhaft auf Fremde.

Adresse Batería Militar de Arinaga, Montaña de Arinaga, s/n, 35118 Arinaga, Agüimes | **Anfahrt** von GC-1 auf GC-100 Richtung Arinaga, kurz vor Ortschaft links in Calle Almirante Arriaga, dann rechts in Calle García de Toledo und links in Paseo del Faro, linksseitig erhebt sich die Montaña de Arinaga, auf deren südöstlicher Flanke sich der Bunker befindet | **Tipp** Gegenüber, ein paar hundert Meter Luftlinie entfernt, befindet sich der Faro de Arinaga, der Leuchtturm. Seit Sommer 2016 wird hier kanarisch-mediterran gekocht. Auch ein Besuch der Kuppel ist möglich.

ARTENARA

20 Die genuinen Tempelhöhlen
Archäologisch, architektonisch und astronomisch

Der Kosmos, die Gesamtheit von Raum, Zeit und aller Materie und Energie darin, ob als Plasmaversum, multidimensionales Universum oder per Urknall entstanden gedacht, ist wohl für jeden Erdling ein Faszinosum. Das Universum ist so unvorstellbar groß und nebulös und die Erde samt Menschheit so unvorstellbar klein und abstrus (und doof), da kann der Menschling schon mal leicht den Verstand verlieren. Oder er begibt sich in die dämonischen Hände von Illusionsgottgestalten.

Wie – in Gottes Namen – ist es möglich, dass ein vom Rest der Welt inselisoliertes Volk wie die Altkanaren astronomische Kenntnisse hatte, die es ihm erlaubten, sowohl das Sonnen- als auch das Mondlicht zu kontrollieren, um es in eine Tempelhöhle zu dirigieren und in einen artifiziellen Jahreskalender zu transformieren, der jeweils beide Äquinoktien und beide Sonnenwenden aufzeigt? Von März bis Oktober dringt das Sonnenlicht ein, in der restlichen Zeit das Mondlicht.

Der 1996 entdeckte Risco Maldito oder auch Risco Caído, eine troglodytische Siedlung mit 21 Höhlen, sucht seinesgleichen auf den über 100.000 Inseln unseres Planeten. Die Einzigartigkeit dieses astro-archäologischen, architektonisch-matriarchalischen Erbes ist beispiellos. Auch die größte Höhlenmalereiansammlung von Dreieckssymbolen befindet sich hier. El Paisaje Cultural de Risco Caído y los Espacios Sagrados de Montaña, also die ganze kulturelle Landschaft, die die Caldera de Tejeda, das Tamadaba-Massiv und Teile des Barranco Hondo umfasst, ist für die Liste des Weltkulturerbes der UNESCO nominiert worden.

Für die Altkanaren war dieser wertvolle Historienschatz ein hochheiliger Ort, an dem sie mit ihren Göttern in Verbindung traten. Ob nun diese Götter Götter im eigentlichen Sinne waren oder Außerirdische, mitunter multidimensionale Wesen, die über das Resonanzgesetz kommunizierten, steht noch in den Sternen.

Adresse Yacimiento Arqueológico y Conjunto Sagrado Risco Caído, GC-217, s/n, 35350 Artenara | **Anfahrt** C-217, am östlichsten Punkt der Presa de Los Pérez an Brückenkehre Offroad-Weg, zu Fuß Beschilderung folgen | **Öffnungszeiten** Höhlen können ausschließlich per reservierter Führung mit organisierter An- und Abreise besucht werden, Plätze äußerst limitiert, weitere Informationen und Reservierung unter http://visitas.grancanariapatrimonio.com | **Tipp** Der Staudamm der Presa de Los Pérez ist begehbar und führt in einen verwunschenen Wald.

ARTENARA

21 Die Höhlenkapelle
Wallfahrt in die Gottesgrotte

Das Wallfahren und Pilgern kommt so leicht nicht mehr aus der Mode. Es wird gepilgert, was das Zeug hält, oft festgehalten in selbst erstellten Moment- und Madonnenaufnahmen, die im Avatarkreis fleißig kommentiert und mit gehobenem Daumen samt Heiligenschein etikettiert werden. Natürlich gibt es auch auf Gran Canaria gleich mehrere heilige Jakobswege. Der wahrhaftigste ist der »Camino de Santiago«, den ich bereits im Zuge des völkerverbindenden E 7 (siehe Ort 7) erwähnt habe. Durch die Ortschaft Artenara führt dieser jedoch nicht, außer man lässt sich vom Weg abbringen. Gott hätte sicherlich nichts dagegen, schließlich möchte man die Ermita la Virgen de la Cuevita besuchen, eines der weihevollsten Gotteshäuser der Insel, das vor allem mit seiner Symbiose aus Schlichtheit und Schönheit und der besonderen Konstruktionslage und -form punkten kann.

Artenara auf 1.270 Metern ist das höchstgelegene Dorf der Insel und hat sich die Gunst der Besucher über die Jahre erst erkämpfen müssen. Nicht verwunderlich, die mäandernde Reise nach da oben ins hohe Nirgendwo des pumpenden Inselherzens ist langwierig und kräfteverschleißend. Mittlerweile hat sich das Dorf auf das Erscheinen der Ankömmlinge (mir lag schon »Jünglinge« auf der Tastatur) eingestellt, und es gibt an der einen oder anderen Stelle sogar kostenfreies WLAN.

Das Jahr 2018 begann winterlich auf Gran Canaria, und es wüteten große Unwetter (ja, es fiel sogar Schnee im Gebirge), die mitunter große Schäden verursachten. So auch auf der GC-210, der südlichen Hauptzugangsstraße nach Artenara, wo ein Erdrutsch mehrere Tonnen Material löste und auf gut 25 Metern die asphaltierte Bergstraße mit sich riss. Mit oder ohne Gottes Hilfe wollte man innerhalb von sechs Monaten die Straße wieder verkehrstüchtig machen. Einem Besuch der Kapelle dürfte also nichts im Wege stehen. Heiligenschein nicht vergessen!

Adresse Ermita la Virgen de La Cuevita, Calle de la Cuevita 50, 35350 Artenara | **Anfahrt** in Artenara über die Plaza San Matías in die Calle de la Cuevita abbiegen, am Ende befindet sich die Kapelle | **Öffnungszeiten** täglich 9–19 Uhr | **Tipp** Am letzten Sonntag im August findet das alljährliche Fest zu Ehren der Virgen de la Cuevita statt, bei dem man sich voll aufrichtiger Devotion volllaufen lassen kann, ähh, seinen Glauben zelebrieren kann.

22 Die progressiven Klötze
Ein antikorrosives Denkmal für Natur und Umwelt

Als hätte sich Máximo Riol Cimas den Satz Martin Heideggers »Im Werk der Kunst hat sich die Wahrheit des Seienden ins Werk gesetzt« auf die Fahne geschrieben, ist der spanisch-kanarische Skulpteur in seinem Werk stets auf der Suche nach der Wahrheit des Kunstwerkes und dessen Ursprung, den der Künstler selbst darstellt, aber auch vice versa, denn keines der beiden ist ohne das andere, den Ursprung haben sie schließlich beide in der Kunst. Die Kunst: ein Rätsel bis zum Nimmerleinstag.

Die luftigen futuristischen Kastenklötze aus COR-TEN-Stahl – einer hoch-, der andere querformatig – stehen an prominenter Stelle, an einer famosen Aussichtsplattform am bukolischen höchstgelegenen Örtchen der Insel, einem umschlungenen Fleckchen Erde inmitten des Eilands. Sie tragen den Titel »Monumento a los Trabajadores de Medio Ambiente y Conversacion«. Leicht und locker, luftig und flockig könnte das Kunstwerk auch von Eduardo Chillida sein, der ebenfalls mit großen, raumgreifenden Skulpturen arbeitete. Die Leere als zu füllender Zwischenraum, als eine eigene Vision des luftleeren Raumes und als Abbild einer anderen Dimension. Ganz wie in einem Negativbild, das zu wesensungleichen Interpretationen der Realität inspiriert.

Das lotrechte Objekt reflektiert die Höhlengenese in der symbolischen Anlehnung an die troglodytische Wohnstätte, während die zylindrischen Stelzen – gemeint die langen, dünnen Rohre und nicht die zierlichen hochbeinigen Singvögel, von denen es auf der Insel in freier Wildbahn keine gibt – Pinienstämme imitieren sollen und für den bewaldeten kanarischen Forst stehen.

Das waagerechte Objekt allegorisiert die ursprüngliche, wilde und unzähmbare landschaftliche Kulisse dieser Bergregion, verknüpft mit der luftschlossigen Imagination, zukünftige Generationen entwickelten mehr Demut gegenüber dem ersprießlichen Naturreich. Leider meist nicht der Fall!

Adresse El Mirador de la Atalaya, Avenida Matías Vega 27, 35350 Artenara | **Anfahrt** auf GC-21 die Ortschaft nordwärts durchqueren, am Ortsende auf linker Seite | **Tipp** Ein paar hundert Meter Luftlinie weiter im Süden steht die von José Luis Marrero Cabrera entworfene etwa fünf Meter große Christusfigur, quasi der kleine Bruder von Cristo Redentor aus Rio de Janeiro. 1990 gewann der damalige Pfarrer von Artenara, Domingo Báez González, umgerechnet 3.000 Euro im Zahlenlotto und investierte den Gewinn kurzerhand in den Erwerb dieser Christusfigur.

ARUCAS

23 __ Der abseitige Salzgarten
Ohne weißes Pülverchen nix im Lot

Salz wurde schon im frühen Holozän als Konservierungsmittel benutzt, in der Folge sogar als Zahlungsmittel. Heute wird es größtenteils für die Industrie hergestellt, und lediglich ein Viertel geht auf das Konto der Konsumption. Das weiße Pülverchen ist jedoch unverzichtbar für den menschlichen Organismus – lebensnotwendig. Sowohl alle intrazellulären wie auch alle extrazellulären Körperflüssigkeiten enthalten Kochsalz. Ein ausgeglichener Wasser- und Elektrolyt-Haushalt ist die Prämisse für das menschliche Leben. Nicht umsonst ist der Mensch das Salz an der Schokoladensuppe und die Phantasie das Salz in der Suppe der Vernunft. Wer will schon Suppe sein, wenn er Salz sein kann?

Die Gewinnung von Meersalz hat auf dem kanarischen Archipel eine lange Tradition. Am Ende des 19. Jahrhunderts wurde in über 60 Meerwassersalinen Salz geschöpft. Heute ist die Zahl merklich gesunken, nur noch etwa ein Dutzend Salzgewinnungsanlagen sind übrig geblieben. Die restlichen wurden vernachlässigt, und die Natur tat ihr Übriges, oder das Areal wurde anderweitig genutzt.

Gran Canaria hat aktuell fünf dieser historischen Salinen, die allesamt als kulturelles Erbe deklariert sind. »Las Salinas del Bufadero« ist die älteste Saline der Insel und die einzig verbliebene auf den Kanaren, die auf Felsenstein erbaut wurde. Alle anderen sind Lehmsalinen. Das Areal ist etwa 10.000 Quadratmeter groß und nach einer Wiederinstandsetzung um die Jahrtausendwende seit einigen Jahren erneut trister Vernachlässigung überlassen. Die felsige Umgebung erinnert an eine Marslandschaft. Der Unterschied ist, dass man hier, abgesehen von geologischen Funden, auch Artefakte findet.

Es gibt Pläne, das Areal erneut auf Vordermann zu bringen und ein Salzmuseum zu erbauen. Das Gelände ist teils in privater Hand, und es sind Initiativen gestartet worden, diese Teile zuzukaufen. Ein paar Jährchen dürften also noch ins Land streichen.

Adresse Las Salinas del Bufadero, GC-2, s/n, 35413 Arucas | **Anfahrt** auf GC-2 Las Palmas – Agaete, bei Vía de servicio (Behelfsausfahrt) abfahren, vor zweiter Brücke rechts auf Offroad-Platz, von dort erstreckt sich gen Osten die Saline | **Tipp** Auf dem Schotterparkplatz des Felsentableaus in direkter östlicher Nachbarschaft steht ein Gemäuerteil einer alten Kaktusfeigen-Finca, der gemeinhin als »Muro de la Tolerancia«, sprich die Mauer der Toleranz, bekannt ist. Dieses Mauerstück steht symbolisch für das Bauen von Brücken statt dem Errichten von Mauern.

24 — Der Flankierungsturm
Eine Flanke, ein Kopfball und GOOOOL!

Fußball, Fußball und noch mehr Fußball. Auf Gran Canaria seit der Saison 17/18 zwar nicht mehr erstklassig, aber Fußballplätze und solche, die für das Ballballett genutzt werden, gibt es Hunderte, ach, Tausende über die ganze Insel verteilt. Fußball ist *die* Sportart auf Gran Canaria, auch wenn das für viele andere Flecken der Erde ebenfalls gilt. Zu viele? Spätestens wenn Lionel Messi, der mit endlosem Abstand beste Spieler aller Zeiten, auf diesem und auf allen anderen Planeten aufhört zu spielen, wird der Fußball einbrechen. Steile These? Wohl wahr.

Die Kinder von San Andrés jedenfalls jagen dem Traum des Fußballweltstars weiter nach. Am liebsten versammeln sie sich auf der neu gestalteten Plaza vor der Kirche und bolzen bei egal welchem Wetter. Von Rasenschach kann natürlich nicht die Rede sein, erstens ist die Plaza nicht mit einem Kunstrasen überzogen, und zweitens verstehen die Kids von taktischen Kniffen so viel wie Gagschreiberlinge von Humor. Mich mit inbegriffen! Macht aber nichts, denn wie schon Friedrich Wilhelm Nietzsche sagte: »Die Welt in ihrer Tiefe verstehen heißt, den Widerspruch verstehen.«

Der Flankierungsturm ist das einzige Überbleibsel einer ehemaligen Festungsburg. Er ist ein charmantes Stück Geschichte, das kaum einem mehr auffällt. Nicht einmal die Bewohner von San Andrés wissen so recht, was es mit ihm auf sich hat. Die Frage nach ihm und seiner Biografie führt zu Keine-Ahnung-Gesichtern. Nur Paco, ein mit Krückstock bewaffneter Pensionist, hat was über den Turm zu erzählen. Zwar wisse er auch nicht, wie genau die Geschichte des Turmes gehe, aber er nutze ein großes Loch im Inneren als Mülleimer. Er sammelt den umliegenden Müll und trägt ihn in den Turm. Es gäbe doch richtige Mülleimer, werfe ich ein. Er mache das schon Jahre so, da bräuchte nicht so ein Grünschnabel wie ich daherzukommen und klugzuscheißen. Noch Fragen? Paco, ein ganz charmanter Zeitgenosse!

Adresse El Torreón de San Andrés, Plaza San Andrés, 35414 San Andrés, Arucas | **Anfahrt** auf GC-2 Las Palmas – Agaete nach zweitem Zebrastreifen im Ort San Andrés rechts, der Turm befindet sich in der nordwestlichen Ecke des Platzes | **Tipp** Geht man durch den Flankierungsturm, was, tut man es mehrmals täglich, Schönheit und Gesundheit verspricht (laut Paco), und folgt dem Weg nach rechts und bis ans Meer, liegt links »La Casa de los Mil Azulejos«, ein Haus mit 1.000 Fliesen an der Fassade. Einige verlegen Schlüssel, andere (Abgabe-)Termine und wiederum andere Rohre, aber hier sind es eben exakt 1.000 Fliesen.

25 __ Die Naturbäder
Kanarisches Kneippen an der lebhaften Felsenküste

Kneippen wie ein Kanare? In Regenwasser oder Meerwasser? Können Sie haben! Auf ganz Gran Canaria finden Sie natürliche und teils präparierte Pools vor, die ein Baden mit Extrakick versprechen. Drei vom Atlantik gespeiste Naturbäder habe ich für Sie herausgepickt, die alle drei im Rahmen eines Tagesausflugs unter einen Hut zu bekommen sind. Es muss eben nicht immer der chlorgetränkte Hotelpool oder das freie rauschende Meer sein. Wer sich aus seiner Komfortzone dennoch nicht herausbewegen möchte: Pech gehabt!

»Los Charcones« in Arucas sind drei weitestgehend flache Becken mit sandigem wie steinigem Boden, deren abgrenzende Mauern teils mit rutschfesten Matten ausgestattet sind.

»Roque Prieto« in Santa María de Guía sind zwei mit unterschiedlichen Tiefen ausgestattete Felsenbäder mit kristallklarem Wasser, die einen Blick auf den felsigen Grund erlauben.

»Las Salinas« in Agaete sind mehrere autark gespeiste, miteinander verbundene Meeresbäder im miniatur-mittelalterlichen Festungslook mit steinernem Sonnendeck und gewundenen Unterwasser-Lavatunneln.

Alle Naturbäder füllen sich im Rhythmus der Gezeiten und sind in stürmischen Flutphasen mit Vorsicht zu genießen. Das kanarische Kneippen erfreut sich großer Beliebtheit und hat eine lange Tradition. Selbst die Altkanaren nutzten diese Art des Badens. Sie schufen sich auch regenwassergespeiste Becken auf felsigen Höhen, die heute lediglich zu erahnen sind, da sie sich kaum mehr mit Wasser füllen. Teils sind diese Becken auch schwer zugänglich und bedürfen einer längeren Wanderung durch offenes Terrain.

Die über 20 Meeresbecken auf Gran Canaria sind hingegen meist gut zu erreichen. Der Kontrast zum Meeresspaß am Strand ist gegeben, die Naturbäder haben alle für sich ihren ganz eigenen Liebreiz und verzücken die Sinne. Hätte doch nur Sebastian Anton Kneipp von diesen Naturbädern gewusst!

Anfahrt Los Charcones, GC-2 Las Palmas – Agaete, bei Vía de servicio (Behelfsausfahrt) abfahren, bei El Puertillo abbiegen; die Bäder befinden sich am nordwestlichsten Teil des Paseo Maritimo los Charcones; Roque Prieto, GC-2 Las Palmas – Agaete, Ausfahrt 22 auf GC-295, weiter auf GC-294 bis Roque Prieto; Las Salinas, GC-2 Las Palmas – Agaete, auf GC-172 abfahren; die Bäder befinden sich am nordöstlichsten Teil des Paseo Maritimo |
Tipp Am südlichen Teil der Promenade von Agaete liegt der Hafen Puerto de las Nieves. Fischlokale, Strand und Mole. Und ein iIlustres Ambiente!

ARUCAS

26 — Der Waldseilgarten
In griffiger Kulisse den Tarzan raushängen lassen

Letztens waren wir mit den Kindern auf dem Gelände des ersten und einzigen Hochseilgartens Gran Canarias und hatten einen Mordsspaß. Die Kinder turnten auf den Seil- und Hängebrücken herum, schwangen sich am Seil von Plattform zu Plattform, hangelten sich durch meterhohe Netze und ließen sich ein ums andere Mal vom Flying Fox über den Abgrund fahren. Ach, waren die Kinder glücklich und ausgelassen. Und auf dem Rückweg schliefen sie sofort ein. Check!

Apropos Hochseil, der Schweizer Schriftsteller Markus Weidmann sagte einst: »Die Ehrlichkeit ist ein Hochseil, schwankend in stürmischen Winden menschlicher Schwächen. Und leider nur allzu nahe dem vermeintlich sicheren Boden: den trügerischen Sümpfen und Treibsanden der Lüge.« Für die Kinder empfanden wir das als ein klein wenig zu tiefgründig, wir quasselten lieber über die wirklich wichtigen Themen: Eiscreme, Eiscreme und noch mal Eiscreme. Check!

Und als ob der Seilgarten nicht schon spannend genug wäre, gibt es auch noch einen Paintball-Parcours. Erst haben die Kinder das gar nicht mitbekommen, und wir taten scheinheiliger als der Papst, aber uns war klar, es wird nur eine Frage der Zeit sein, bis sie ihn entdecken. Direkt nach der ersten Kletterrunde, denn von hoch oben hat man ja einen exzellenten Rundumblick. Und Weitblick obendrein. Also: Das wollen wir auch! Aber ganz so einfach ist das nicht, denn das Alter spielt eine Rolle, und es muss sich auch eine Gruppe finden. Meist sind es Gruppen von Jugendlichen oder Erwachsenen, die vorher reservieren, spontan kommt eine Paintballschlacht selten zustande. Aber das Glück spielte uns in die Karten. Ein Kindergeburtstag hatte eine Runde reserviert und hatte noch Plätze frei. Check!

Spät am Abend im Bett, in kuscheliger Atmosphäre mit schmusenden Absichten, zählten wir unsere Checks: drei an der Zahl! Bisheriger Tagesrekord. Check!

Adresse Parque GrancAventura, Lugar Vasco López, s/n, 35400 Arucas | **Anfahrt** von GC-20 auf Lugar Vasco López, Beschilderung folgen | **Öffnungszeiten** Sa, So und Feiertage 11–20 Uhr, Mo–Fr nur mit Reservierung, Tel. +34/928/936393, www.grancaventura.com | **Tipp** Einen Steinwurf entfernt, wenn auch ein potenter (fünf Minuten Fahrtzeit), befindet sich das Restaurant Irejul, das zum Hotel Melva Suite gehört. Saisonale Produkte aus dem eigenen Gemüsegarten finden über eine kanarisch-mediterrane Zubereitung den Weg auf den schmackhaft angerichteten Teller. ¡*Buen provecho!*

27 — Das bröckelige Kurhotel
Wasser, das vornehmste Element, trocken wie nass

Geschlagene 150 Jahre ist dieses Gebäude alt, und es steht noch wie eine Eins. Quatsch, das ist natürlich eine glatte Lüge. Was heute noch übrig ist, und für Mutherzige zu begehen, ist eine fragmentarische Ruine. Früher einmal, ja, da war es ein prunkvolles Kurhotel, das einen exzellenten Ruf genoss. Vom Baden im mineralisch-medizinischen Quellwasser versprach man sich eine heilende Wirkung, und die Leute kamen in Heerscharen. Ohne Säbelrasseln, dafür mit mondänem Badehöschen, Bi-, Tan-, Mono- oder Mankini. Man erzählt sich noch heute die Geschichte des kleinen Jesus, dessen gesamter Körper von atopischen Ekzemen übersät war. Nach regelmäßigen Badegängen war innerhalb einer Woche nicht ein einziges rotes Pünktchen mehr zu sehen. Halleluja!

Badehotels hatten um 1900 Hochkonjunktur auf Gran Canaria. Nahezu jede Gemeinde schmückte sich mit einer Wellnessoase. Anfänglich von allen besucht, mutierten die Balnearios zu reinen Schickimicki-Buden. Die besser betuchten Dandys, Beaus und Kronen der Schöpfung ließen sich das Wasser auf den Pelz respektive die Haut kullern und einen Champagner die Kehle herunter.

Das Gebäude macht einen baufälligen Eindruck, und der Zutritt zur Ruine ist offiziell untersagt. Aber es finden sogar bisweilen halboffizielle Paintballspiele dort statt (für Erwachsene!). Dem Haupteingangstor fehlen zwei Eisenstäbe, und ein dritter ist so präpariert worden, dass mit einem gebührenden Bauchumfang ein Durchschlüpfen möglich ist. Abgesehen von Müll, diffusen Wandbemalungen und einem trüben Badeteich, der sich gewiss nicht zum Baden eignet, begegnen Sie mit etwas Glück einem prachtvollen Merkurschwänzchen, einem endemischen Schmetterling, der sich rund um das Kurhotel ausgebreitet hat.

Schon mal Maikäfersuppe probiert? Vielleicht die Älteren von Ihnen. Eine Delikatesse! Aber Schmetterlingssuppe? Das kennen wohl die wenigsten.

Adresse El Balneario de Azuaje, GC-350, s/n, 35430 Firgas | **Anfahrt** von GC-350 zwischen Kilometer 1 und 2 an Brückenkehre Offroad-Straße, dieser folgen, dann zu Fuß weiter, auf linker Seite befindet sich die Ruine | **Tipp** Der Barranco de Azuaje ist ein dschungelartiger Irrgarten, in dem man sich (nicht) verlaufen kann. Einfach immer der Nase nach und die Augen offen halten, es gibt so vieles zu entdecken. Seitlich vom Balneario geht ein Weg im Zickzack ab, über den man einige Höhenmeter absolviert, an Gesteinshöhlen vorbeikommt und sogar bis zur Ortschaft Firgas gelangt.

28 Las Cuevas de las Cruces
Die hohle Höhle vor lauter Fels nicht sehen

Gran Canaria und die Höhlen, das ist wie Milch und Müsli oder Yin und Yang, sie gehören einfach zusammen. Was aber nicht bedeutet, zumindest im Falle der Höhlen, *que no tengan todas su encanto*, was frei übersetzt heißt, dass sie dennoch alle ihren ganz eigenen Charme haben. So auch diese Höhlen, die genau genommen keine Höhlen sind, sondern ein lang gezogener Felsenabschnitt mit Spalten, Hohlräumen und Klinsen, quasi eine Art Uluru mit phantasievollen Löchern. Uluru? Nein, das ist kein Schweizer Käse, sondern ein australischer Inselberg, besser bekannt als Ayers Rock.

Der kanarische Uluru ist nicht einmal halb so groß wie das Original und ist durchlöchert wie sonst nur ein Schweizer Käse, auch wenn heutzutage beim Käse durch immer weniger Heustaub in der Milch die Lochansatzstellen merklich zurückgegangen sind. Aber der Fels ist ein absolutes Faszinosum. Hätten Christo und Jeanne-Claude von diesem Felsen gewusst, sie hätten ihn sicherlich in einer wahnwitzigen Kunstaktion verhüllen wollen. Im Gegensatz zu anderen archäologischen Fundstätten werden die Cuevas de las Cruces jedoch links liegen gelassen. Keine Beschilderung, keine Infotafel, und auch sonst findet der luftige Felsenkäse wenig Erwähnung.

Dabei kommt er wie ein Kunstwerk daher. In Miniaturformat und aus Bronze würde er Alberto Giacomettis »Chariot« Konkurrenz machen. Irgendein rekordjagender Hedgefonds-Manager fände sich bestimmt, der bei »Christie's« mit seinen Milliönchen um sich wirft.

Da es auf Gran Canaria, aber auch anderswo und überall, zur Laune des Menschen gehört, seinen Müll liegen zu lassen, bedürfte es auch hier einer Saubermachaktion. Es ist erstaunlich, wie viel Müll sich an solch faszinierenden Plätzen ansammelt. Als fühle sich der Müll von der einzigartigen Strahlkraft dieser Orte magisch angezogen. Davon unbeirrt können Sie den kanarischen Uluru bestaunen und genießen. *¡Una obra de arte en piedra!*

Adresse Cuevas de las Cruces, GC-293, s/n, 35460 Gáldar | **Anfahrt** von GC-2 auf GC-293, nach erster Linkskurve auf linker Seite | **Tipp** In der Ortschaft Gáldar, in der Calle Audiencia 2, befindet sich das Museo y Parque Arqueológico Cueva Pintada, eine der wohl bekanntesten Fundstätten der Insel, die im Zuge der ruhmlosen Nekropole (siehe Ort 31) Erwähnung findet.

GÁLDAR

29 — El Faro de Punta Sardina
Die Erfahrung ist ein Leuchtturm, kein Liegeplatz

Sardina, auf Deutsch Sardine, ist nicht nur ein bedeutender Salzwasserspeisefisch, der Produktname einer Schnappschusskamera oder ein Restaurant in Kerobokan, sondern auch der Name einer Ortschaft in der Gemeinde Gáldar. Und in dieser, am nordwestlichsten Punkt, quasi am Ende der Welt (Insel), wie es Jules Verne ausdrücken würde, steht ein stinknormaler modellstandardisierter Leuchtturm im typischen Rot-Weiß-Kostüm. Er ist weder der kleinste noch der größte der Insel, und auch sonst scheint an ihm nichts Besonderes zu sein, wenn man davon absieht, dass genau das sein Alleinstellungsmerkmal sein könnte. Unter den Leuchttürmen der Insel würde man ihn wohl als »el normal«, also den normalen, bezeichnen.

Und doch erzählt er uns von einem hinreißenden zeitgenössischen Interessenkonflikt zwischen Staat und Volk. Bereits Ende des 18. Jahrhunderts befand sich an exakt gleicher Stelle ein Leuchtturm, der den Meeresklitschen, Küstenfahrern und Seelenverkäufern der Sieben Meere Orientierungslicht gab. Dieser war gerade mal sechs Meter hoch und Teil eines rechteckigen Gebäudes, aber von einer bezaubernden Architektur. So schön und altehrwürdig, dass knapp ein Jahrhundert später ein Restaurierungsgesuch angestrebt wurde sowie auch die Ernennung zum kulturellen Erbe.

Die Zutaten für ein Happy End waren gegeben. Aber Pustekuchen! Bevor es dazu kam, verschwand der Leuchtturm über Nacht. Als sei er vom Erdboden verschluckt worden oder ein gewisser, damals noch recht junger David Copperfield zugange gewesen.

Was war passiert? Die Inselregierung wollte keinen Penny für die Restaurierung lockermachen und ließ in einer Nacht-und-Nebel-Aktion das Gebäude samt Leuchtturm abreißen. Das Einzige, was vom Leuchtturm übrig blieb, waren ein Teil des Bodens und die Erinnerungen an die Erfahrung, sich mit skrupellosen Politikern zu duellieren. Magier müsste man sein!

Adresse Faro de Punta Sardina, Urbanización Sau-Playa Canaria, s/n, 35469 Gáldar | **Anfahrt** von GC-2 über GC-202 Richtung Sardina, Beschilderung nach Faro de Sardina folgen | **Tipp** Abgesehen vom Lesen von Jules Vernes Abenteuerroman »Der Leuchtturm am Ende der Welt« eignet sich dieser Ort auch wunderbar zum Erhaschen des grünen Sonnenhutes in trauter Zweisamkeit (siehe Ort 2). Südlich vom Leuchtturm liegt die Playa Punta del Faro, ein rauer Steinstrand mit Meerespools.

30 Das kaiserliche Becken
Bei Ebbe ein Spaziergang, bei Flut ein Holzweg

Auf Gran Canaria kann man immer eine Abkühlung gebrauchen, das wusste schon Benito Péres Galdós, einer der berühmtesten, wenn nicht *der* berühmteste Schriftsteller Gran Canarias. Außer man lebt hoch oben im Inselinneren, und es windet, stürmt und schneit wie im Frühjahr 2018. Ja, richtig, auf Gran Canaria kann es durchaus schneien. Gut, es reicht nicht zum Skifahren und für einen Schneemann mit Karottennase auch nicht, aber ausflippen tun die Canarios trotzdem. Passiert ja schließlich nicht jedes Jahr.

Ansonsten gilt aber getrost: ab ins Wasser und sich erfrischen, eine Runde schwimmen oder einfach nur die Beine, andere Körperteile oder die Seele baumeln lassen. Und das geht illustren Persönlichkeiten aus Gran Canaria der heutigen Zeit, wie Javier Bardem, Carla Suárez oder Martín Chirino López, nicht anders. Überflüssig zu erwähnen, dass es sich um ein Bad im Meer handelt und nicht in der heimischen Badewanne.

Das Molenbecken, »Piscina del Muelle«, oder, wie die Lokalhelden es nennen, »Piscina del Káiser«, ist ein meeresgespeistes Becken, das nur durch die Einhängeleiter aus Edelstahl als solches zu identifizieren ist. Dort ein Bad zu nehmen ist, wie der Name es schon andeutet, kaiserlich. Zumindest bei Ebbe. Bei Flut ist die Brandung teils so stürmisch, dass man sich lieber ein sonniges Plätzchen auf der Mole sucht und dabei zusieht, wie die Leiter von Welle zu Welle verschluckt wird.

Die Leute aus dem Viertel erzählen sich die Geschichte, dass Franz Beckenbauer, der Kaiser, höchstpersönlich in diesem Becken ein Bad genommen haben soll und es deshalb auch nach ihm benannt wurde. Rundheraus, der FC Bayern gastierte bereits zwei Mal bei der UD Las Palmas. In den 1990ern mit Matthäus und in den 1970ern mit Beckenbauer. Das erste Spiel gewannen die Bayern, das zweite verloren sie. Ob sich damals der Kaiser hier in der Tat ein Bad gönnte? *¡Imperial!*

Adresse La Piscina del Káiser, Avenida del Agujero, s/n, 35469 El Agujero, Gáldar | Anfahrt von GC-2 über GC-202 auf Carretera del Agujero, Beschilderung nach El Agujero folgen, im Ort an zweiter Verkehrsinsel dritte Ausfahrt, beim grünen Haus in Calle Churruca 11 durch die Gasse, an Brüstung entlang bis Ecke, unten in den Felsen befindet sich des Kaisers Becken | Tipp Am Anfang der Calle Churruca liegt das Lokal Tu Mismo, eine Bar, wie es sie auf Gran Canaria tausendfach gibt. Ein Stück weiter westwärts befindet sich die Playa Boca Barranco.

GÁLDAR

31 Die ruhmlose Nekropole
In der Quadratur des Kreises liegt die Lösung

Die Guanchen hatten sich auf ganz Gran Canaria verteilt. Die Insel mag aufgrund ihrer etwa 50 Kilometer Durchmesser und der etwa 240 Kilometer Küstenlänge klein erscheinen, aber im Gegensatz zu wirklich kleinen Eilanden wie Corvo, Vadoo oder Cayo Espanto ist sie ein Gigant. Nicht zuletzt aufgrund ihrer geografischen Vielfalt mit den zahllosen Bergen und Trockentälern, denn dies macht sie noch größer, als wenn sie flach wie ein Frisbee wäre. Und so kommt es, dass einem alle naselang eine Guanchen-Grabstätte über den Weg läuft.

Im Laufe der letzten Jahrzehnte wurde eine Stätte nach der anderen entdeckt, ein Zaun drum gemacht und eine Infotafel platziert. Und dann passierte mit den meisten Grabstätten das, was so oft passiert, wenn es von irgendetwas zu viel gibt: Das Interesse versiegt. Es gibt unzählige Nekropolen auf Gran Canaria, um die sich keiner mehr so richtig kümmert und die auch wenig bis gar nicht besucht werden. Einen archäologischen Wert haben sie natürlich immer noch, und Howard Carter und Konsorten würden sich wohl im Grabe umdrehen, aber es fehlt schlichtweg an finanziellen Mitteln, wissenschaftlichem Interesse und der nötigen Standhaftigkeit und Weitsicht, die Instandsetzung jahrzehntelang und darüber hinaus zu garantieren.

Gáldar gilt als die prähispanische Hauptstadt Gran Canarias, und die damalige Zitadelle beherbergte nicht nur ein Schloss, sondern auch ein Jungfrauenhaus, mehrere Bastionen und Türme. Von diesem höfischen Komplex ist jedoch nichts mehr übrig geblieben. Die kulturbanausigen Conquistadores hatten nicht viel übrig für die Erhaltung prähispanischer Geschichtszeugnisse. Erhalten blieben die bekannten »Cuevas Pintadas« und an der Küste diese Grabstätte. Ein verschlossenes Tor soll den Zugang verhindern, aber der Zaun drum herum existiert schon lange nicht mehr, sodass man das Areal eigenmächtig betreten kann.

Adresse Necrópolis y Poblado de la Guancha, Calle Churruca, s/n, 35469 El Agujero, Gáldar | **Anfahrt** von GC-2 über GC-202 auf Carretera del Agujero, Beschilderung nach El Agujero folgen, im Ort an zweiter Verkehrsinsel dritte Ausfahrt, nach etwa 100 Metern erstreckt sich die Nekropole nach vorne | **Tipp** El Agujero ist der Name des Küstenweilers, aber auch der des ganzen Strandabschnittes, der direkt an der Nekropole liegt und drei Pools und zwei Strände aufweist. Diese befinden sich im Gegensatz zur Piscina del Kaíser (siehe Ort 30) am östlichen Teil der Promenade.

GÁLDAR, TEJEDA, LAS PALMAS

32 — Die traulichen Trauben
Wein, wein, wein, schenk dir ein, reinen Wein

Weine lügen nicht, und deshalb haben sie auch keine kurzen Beine. Ob rot, weiß oder rosé, lieblich oder trocken, wer die Lüge predigt und Wein trinkt, dem liegt die Wahrheit nicht fern. Gran Canarias aktuelle Winzergeneration reibt sich die Hände, denn die künstlerische Veredlung der auf Vulkanerde gedeihenden Reben trägt ihre Früchte in Form blendender Weine, die reißenden Absatz finden.

Die Bodega Bentayga kultiviert die höchstgelegenen Weinberge der Insel. Die Lagerung bestimmter Weinchargen in herkunftsunterschiedlichen Barriques erfolgt teils in vulkanischen Felshöhlen. Die geografische, -morphologische und -botanische Lokalität der Weinberge, gepaart mit den klimatisch stark variierenden Wechselbedingungen bei Tag und Nacht und durch die Jahreszeiten, ist ein Segen für die auserwählten Traubensorten.

Die Bodega Mondalón elaboriert Weine, die äquivalent zu der höchsten deutschen Qualitätsstufe Großes Gewächs sind. Überwiegend im weinhistorischen Areal des Monte Lentiscal, aber auch im Süden der Insel befinden sich die Weinberge, wo die auf Jules Guyot basierende Spaliererziehung mit Kordon zur Anwendung kommt. Das Weingut gehört zu den wenigen auf der Insel, die einen Rosé im Programm haben.

Die Bodega La Savia Ecológica firmiert als erstes ökologisches Weingut der Insel. Nach fast einer Dekade der arbeitsintensiven Rekonvaleszenz annährend archaischer Rebstöcke wurde im Jahr 2007 gestartet. Seitdem wird eine individuelle, markante Weinreihe geführt, bestehend aus einem trendigen Trio, das so ökologisch und variationsreich daherkommt, dass Zunge und Gaumen Karussell in der Achterbahn fahren und dabei eine künstlerisch komponierte Symphonie hören, sprich schmecken.

Wein ist Traubenkunst in Flaschen, aber auch giftiger Alkohol: also in Maßen genießen. Oder ist nüchtern betrachtet die Simulation Leben nur betrunken zu ertragen? Nicht doch!

Adresse Bodega La Savia Ecológica, Calle Pío XII 221, 35488 Gáldar, Tel. +34/617455863, ondina@ondinasurf.com; Bodega Bentayga, Barrio Cuevas Caidas, s/n, 35369 Tejeda, Tel. +34/649941098, info@bodegasbentayga.com; Bodega Mondalón, Cuesta Mondalón 6, 35017 Tafira, Las Palmas, Tel. +34/616655849, info@mondalon.com | **Öffnungszeiten** Weingutbesichtigung und -verkostung grundsätzlich jeweils auf vorherige Anfrage | **Tipp** Weitere Adressen in anderen Gemeinden wären die Bodega Ansite, Calle Martínez de Escobar 26, 35110 Santa Lucía oder die Bodega Frontón de Oro, Las Mesetas, s/n, 35329 La Lechuza, Vega de San Mateo.

# 33 Die 1-a-Meisterbäckerei
Wo die Hefen noch Fäuste zu spüren bekommen

»Panem et circenses«, dieser von Decimus Iunius Iuvenalis stammende Ausdruck, neusprachlich »Brot und Spiele«, passt in die heutige Zeit wie in die damalige. Das Ablenken von gesellschaftlichen Problemen mittels artifizieller Aufbauschung von Großereignissen, gern sportlicher (in der Sache kommerzieller) Natur, ist an der Tagesordnung (Hauptsache Weltmeister! Amtierender Titel weg? Ohh!).

Doch der preisgekrönten Meisterbäckerei Amaro sind derartige Praktiken fremd. Hier wird noch in geübtem Handwerk, mit Schweißperlen auf der Stirn und unter den Achseln, nach ältester Familientradition den Hefen, salopp formuliert, in die Fresse gehauen. Und zwar mit kräftigen Bäckersfäusten. Mittels einer ausgeklügelten Fausthiebknetfalttechnik, mit natürlichen Rohmaterialien und einer für die gut anderthalb Stunden ausgeruhten und gegärten Teiglinge heiß temperierten Steinofensitzung wird das berühmt-berüchtigte »pan de puño« hergestellt.

Bereits über 250 Jahre ist der Steinofen alt, in dem noch heute täglich über 1.000 Teiglinge goldbraun gebrannt werden. Die Bäckerei wurde als einzige kanarische unter den besten zehn Spaniens prämiert. Da sind Amaro und seine Truppe natürlich besonders stolz. Aber gebacken wird weiterhin wie eh und je. Man bleibt geradeaus und bodenständig, Höhenflüge sind etwas für Piloten.

Wer sich diesen Brotschmaus, pur oder mit etwas *aceite de oliva* und je nach Ernährungsform mit *jamón*, *queso* oder *tofu*, genehmigen möchte, sollte ein früher Vogel sein. Zu bestaunen gibt es dann nicht den prallsten Wurm, dafür aber das schmackhafteste und bekömmlichste Brot weit und breit. Einen klassischen Verkaufsraum werden Sie jedoch vergeblich suchen, hier wird noch direkt aus dem Ofen verkauft. Einmal in der Altstadt von Ingenio angekommen, folgt man lediglich dem aromatischen Brotduft durch die engen Gassen, und Simsalabim stehen Sie in der Brotschlange.

Adresse Panadería Artesanal Amaro, Calle el Granero 3, 35250 Ingenio | **Anfahrt** von GC-100 auf Calle Los Palmeros, weiter auf Calle Antonio Rodriguez Medina, rechts auf Plazoleta del Puente, dann zu Fuß Treppen hoch auf Calle José Ramírez, erst links, dann rechts in Calle el Granero | **Tipp** In Ingenio wird der reinste Wodka der Welt hergestellt. Der Wodka enthält 0,0 Prozent Unreinheiten und Fuselstoffe. Besichtigen kann man die Brennerei nicht, und auf Gran Canaria werden Sie den Stoff kaum irgendwo finden, doch wenn Ihnen mal eine Flasche Blat Vodka über den Weg laufen sollte, können Sie nun im Wer-wird-Millionär-Stil punkten. Außerdem ist die historische Altstadt Ingenios stets einen Besuch wert.

34 Das kanarische Windrad
Wind, Wind, sause, sause – whuu, whuu, whuuuuu

Es war einmal ein pfiffiger Tüftler namens Daniel Halladay, nicht Düsentrieb, der bei Nacht, und nicht bei Tag – wie sein Name hätte in die Irre führen können –, das Western-Windrad erfand. Und damit eine neue Ära der Wasser- und Stromgewinnung einläutete, obendrein mit Hilfe einer 100 Prozent natürlichen, unversiegbaren Ressource. Und wenn doch einmal der Wind aufhören sollte zu sausen, dann werden wir längst auf einen anderen Planeten brausen. Whuu, whuu!

Auf Gran Canaria haben Windmühlen, gleich welcher Art, eine lange Historie. Dieses hydraulische Texasrad im flughafennahen Las Puntillas ist von der Hand des Kunsthandwerkers José Martin und orientiert sich am kanarischen Modell des Industriellen Manuel Santana. Dieser ist nicht zu verwechseln mit dem ehemaligen spanischen Tennisspieler, der in den 1960er Jahren für Furore im weißen Sport mit dem gelben Filzball sorgte.

Heute ist das Windrad stillgelegt, befindet sich aber in einem ausgezeichneten denkmalgepflegten Zustand. Es sticht aufgrund seiner metallenen Blätter, die in doppelter Ringreihe angebracht sind, aus der Masse heraus: 45 außen und 36 innen, selbst gezählt (Angaben ohne Gewähr). Die charakteristische Heckfahne ist das Tüpfelchen auf dem i. Auf der Insel verteilt gibt es noch eine gute Handvoll solcher Räder, vor allem an der Ostküste kamen Texasräder zum Einsatz.

Aus dem Reich der Mitte stammt der Sinnspruch: »Wenn der Wind der Veränderung weht, bauen die einen Mauern und die anderen Windmühlen.« In turbulenten irreversiblen Zeiten, durch die wir gerade notgedrungen gehen, kommt man schnell zu der Erkenntnis, dass viel zu viele Maurer blind, mit Schaum vorm Mund durch die Welt *trumpeln* und durch ihr »verblödetes Vermauert-Sein« den dringend notwendigen sinnbildlichen Windmühlen der neuen Zeit den Wind aus den Segeln nehmen. Errichtet Windmühlen! In Hülle und Fülle!

Adresse El Aeromotor de Las Puntillas del Carrizal, 35259 Las Puntillas, Ingenio | **Anfahrt** von GC-1 auf GC-191, neben dem Kreisverkehr parallel zum Autobahnzubringer, vorher in Calle Kant abfahren | **Tipp** In Las Puntillas, in der Calle Kant 17, befindet sich »La Casa de la Artesana«, das Kunstgewerblerinnenhaus, ein buntes, verschnörkeltes Privathaus (also nicht zu besichtigen) mit allerlei kunsthandwerklichen Figuren und skurrilen Objekten an der Fassade (also von außen ein Blickfang).

35_Die Kratzbildsiedlung
Taki 183, seine Nachahmer und eine ganze Subkultur

Manch einer von uns kauft sich ein Kunstwerk und stellt es sich ins Wohnzimmer, in den Tresor oder hängt es an die Wand. Andere wiederum tragen die Kunst am Körper. Oder an den Hausmauern, wie im Falle des Küstenortes El Burrero. Die Rede ist von Tattoos, und zwar von Tattoos auf Mauern, also Graffiti. Die Siedlung ist quasi volltätowiert, es gibt kaum einen Straßenzug, der graffitifrei ist. Graffiti – Kunst oder Schmiererei? Gar Vandalismus, Krawall?

Angefangen hat alles, gemeint die modernen Graffiti, im New York der 1970er Jahre mit einem Pizzajungen, der seinen Tag »Taki 183«, also Künstlernamen, sprich Pseudonym, an die von ihm belieferten Häuserblocks geschrieben hinterließ, und zwar mit einem Filzstift. In der Folge nahmen die »Schmierereien« Fahrt auf, auch im wortwörtlichen Sinne, denn bald waren es nicht nur Hausmauern, sondern vor allem fahrende Leinwände: U-Bahn-Waggons. Aber nicht nur Tags wurden hingekritzelt, und es blieb auch nicht beim Filzstift. Rasant entwickelte sich aus der Subkultur Hip-Hop heraus eine ganze Graffiti-Bewegung und »sprühte« in die ganze Welt aus.

Heute ist Graffiti eine eigenständige kulturelle Ausdrucksweise, die als Kunstform angesehen wird. Wobei diese Sichtweise den Vandalismus nicht ausschließt. Strafbar sind Graffiti zwar nicht, dafür aber der Tatbestand der Sachbeschädigung. Und das trifft wohl öfters zu, als es Befürwortern und Gegnern der Graffitis lieb ist.

In El Burrero haben sich viele Writer, wie die Graffiti-Sprüher heißen, die Ehre und ihr Talent zum Besten gegeben. Teils Auftragsarbeiten, teils frei Schnauze, von manchen befürwortet, von anderen geduldet und von wiederum anderen verachtet. Eine bunte Mischung von Tags, Throw-Ups und Characters ziert den Ort und drückt ihm ihren ganz eigenen Stempel auf. Wobei die Szene nicht mehr so aktiv ist, ich habe kaum neue, frische Kunstwerke entdeckt.

Adresse 35340 El Burrero, Ingenio | **Anfahrt** von GC-1 auf GC-192 | **Tipp** Im nördlichen Teil des Ortes, der auch einen beliebten Lokalheldenstrand hat, befindet sich in direkter Strandnähe das Restaurant Terraza Club Nautico, in dem die Gastronomie-Urgesteine Carlos, Gonzalo und Manolo für eine kanarisch-kulinarische Verköstigung sorgen. Strandbarflair ohne Sardinenbüchsenstimmung!

… LA ALDEA DE SAN NICOLÁS

36 Die beflügelte Windmühle
Voller Windmühlen im Kopf – hofft, träumt, lebt!

In Benutzung sind sie nicht mehr, die Windmühlen von Gran Canaria. Es ist aber gar nicht so lange her, da leisteten diese »Riesen« noch eine unverzichtbare Arbeit. Und zwar auf allen Kanarischen Inseln. Mühlen, gleich welcher Art, gehören zu den Herzstücken des Archipels. Heute sind die meisten verschwunden, und nur einige wenige wurden restauriert. Diese dienen ausschließlich dem museumspädagogischen Gemeingebrauch, auch wenn die eine oder andere intakt ist, sprich voll funktionsfähig.

Die Windmühle der Majanos ist aus dem Jahre 1905 und diente der Müllersfamilie als treuer Wegbegleiter. Zu den besten Zeiten beherbergte die Gemeinde drei hydraulische Mühlen und zehn Windmühlen. Neben der Mühle der Majanos gibt es heute noch die der Machitos und die der Ladera. Alle drei sind im Rahmen von Führungen des Gemeindehauses zu besichtigen. Allesamt stehen sie prominent an Hauptstraßen, sodass ein Blick von außen stets möglich ist.

Ein Blick auf »Riesen«, wie es Don Quixote seinem Begleiter Sancho Pansa im Roman »El ingenioso hidalgo Don Quixote de la Mancha« von Miguel de Cervantes weiszumachen versuchte. Bloß Windmühlen seien es, beschwichtigte Sancho Pansa, doch Don Quixote bestand darauf, dass die Windmühlen Riesen waren. Riesen, die vor ihm kuschen würden, wenn er ihnen den Garaus mache. Nicht einmal, nachdem die schnell drehenden Flügel seine Lanze brachen, er vom Pferd fiel und über den steinigen Felsboden rollte, gab er seine Phantasie auf. Es sei der Zauberer gewesen, der die Riesen verwandelt und es so gemacht hätte, dass er nicht gewinnen könne.

Das Kämpfen gegen Windmühlen, wer kennt es nicht. Doch aussichtslose Kämpfe entpuppen sich nicht einmal so selten als fabulöse Hirngespinste. Wie auch bei Windmühlen weht stets der Wind der Hoffnung. Und aus Hoffnung werden die größten menschlichen Träume gemeißelt – hofft, träumt, lebt!

Adresse El Molino de Viento de Los Majanos, GC-200 bei Kilometer 32, 35470 La Aldea de San Nicolás de Tolentino | **Tipp** El Charco, ein Feuchtgebiet in Küstennähe, das einen natürlichen Tümpel beherbergt, dient jeden 11. September als Ort für die Fiesta del Charco. Ein Fest, bei dem Hunderte Menschen gleichzeitig von allen Seiten in den kniehohen Sickerteich stürmen und versuchen, mit bloßen Händen eine Dorngrundel (manch ein Flegel auch eine Gspusigundel) zu erwischen.

: LA ALDEA DE SAN NICOLÁS, ARTENARA UND TEJEDA

37 _ Die Canary-Canyon-Route

Auf der Suche nach der verlorenen Zeit

Vergessen Sie die legendäre Route 66. Ebenso die 74, 933 oder 6. Die etwa 30 Kilometer lange GC-210 auf Gran Canaria ist die einzig wahre Route unter den Routen. Es gibt keine vergleichbare Route auf der Welt. Das wird Ihnen auch die Ruth mit der Rute bestätigen, die nachts nie ruht. Und wenn Sie mir doch nicht glauben wollen, fragen Sie den Asphalt oder Knut, den Mann von Ruth.

Möge all das auch erfunden klingen, die GC-210 auf Gran Canaria hat es in sich. Sie ist vorwiegend sehr schmal und laviert sich spitzbübisch durch das Gebirge. Nichts für schwache Nerven! Die Achterbahn auf dem Oktoberfest ist im Vergleich dazu nichts weiter als eine Karikatur des Bälleparadieses von Ikea oder McDonalds.

Die 30 Kilometer mögen kurz erscheinen, aber das ist ein Irrglaube. Die Strecke zieht sich, auch deshalb, weil Sie ständig werden anhalten wollen, um die Aussicht einzufangen. Außerdem ändert sich mit jedem Wimpernschlag die Landschaft. Von Agrarplantagen über vegetationslose Zonen bis hin zu kultivierten Terrassenfeldern und einem Kiefernwald ist alles dabei. In diesen 30 Kilometern steckt ein ganzes Land oder gar ein ganzer Kontinent. So, und jetzt hören Sie endlich auf, Ihre Zeit zu verschwenden, und machen Sie sich auf den Weg.

Vielleicht sind Sie der Meinung, dass das Leben zu kurz ist und Proust zu lang. Mit beidem haben Sie wohl recht. Nun ja, Marcel Prousts Hauptwerk »À la recherche du temps perdu« ist eben der Mount Everest der Literatur. Ihn zu besteigen bringt Erfüllung, wie es auch die Reinhold Messners und Gerlinde Kaltenbrunners dieser Welt beschreiben, wenn sie tatsächlich über den Berg sprechen. Aber klar, Sherpas werden Ihnen nicht zur Seite stehen, den Roman müssen Sie schon ganz allein lesen. Was auf die GC-210 nicht zutrifft, denn wann immer Sie Hilfe brauchen, denken Sie an das stramme Paar Ruth und Knut. Eine augenzwinkernde gute Fahrt!

Adresse gesamte GC-210 von La Aldea de San Nicolás de Tolentino bis Tejeda | **Tipp**
Die Fahrt ist nicht ohne und kann durchaus als allegorische Suche nach Freiheit angesehen werden. Tauchen Sie ein in das Freiheitsgefühl, mit dem Sie die GC-210 begeistern wird. Bei Kilometer 37 befindet sich der Mirador del Molino, da ist ein Halt Pflicht.

38 Das Kamel-Altenheim
Ein Kamel kommt selten allein

Die Altenpflege gilt als Gradmesser für die Humanität einer Gesellschaft. In Spanien, Deutschland und anderswo herrscht Pflegenotstand, und die Missstände sind eklatant. Da wird schon mal eine Omi nachts auf dem Klo vergessen, und es scheint der Kodex zu gelten: Mit schlechter Pflege gutes Geld verdienen (nicht die Pfleger gemeint). Aber wer denkt bei all der Misere an die Kamele?

Wohin mit einem ausrangierten Kamel? Nein, gemeint sind nicht die Dromedare und Trampeltiere, die in freier Wildbahn durch die Dünen von Maspalomas stampfen, denn diese wären auf Gran Canaria eine Fata Morgana. Vielmehr geht es um Kamele, die ihre Rücken für Kamelsafaris haben schinden müssen. In den meisten Fällen kommt der Gnadenschuss zum Einsatz, doch einige wenige schaffen es hierher, in das Kamelauffangbecken, das Teil des Projektes »Los Museos Vivos« ist. Ein kulturelles Projekt, das seit 1977 besteht und didaktisch-ethnografisch die Identifikation und Erhaltung der traditionellen kanarischen Kultur pflegt.

Die »lebenden Museen« sind im ganzen Ort verteilt, und jeden ersten Samstag im Monat öffnen sie von ehrenamtlicher Hand dem interessierten Publikum ihre Pforten. Wochentags kommen Schulklassen vorbei und backen Steinofenbrot, nähen Tischdecken oder bürsten und füttern die Kamele. Anfangs waren Kamele gar nicht vorgesehen, aber da es auf der ganzen Insel keine einzige Einrichtung gab, die sich um die alten Kamele kümmerte, initiierte man hier entsprechende Maßnahmen. Wer übrigens zufällig vor Ort ist, wenn gerade Schulklassen oder andere Gruppen in Aktion sind, der ist in der Regel herzlich willkommen, sich anzuschließen.

»Es gibt Kamele mit einem Höcker, und es gibt welche mit zwei Höckern, die größten Kamele aber haben keinen.« Ein Satz von Arthur Schopenhauer, der wahrer nicht sein könnte, aber die Ehrenämtler hier sind stets um das Wohl aller Kamele bemüht.

Vorausgesetzt sie wissen sich zu benehmen.

Adresse Mejora Museo La Gañanía, Calle Cabo Verde, s/n, 35479 La Aldea de San Nicolás de Tolentino, an der Ecke zur Calle Barranquillo de la Plaza | **Anfahrt** von GC-200 auf Calle Dr. Fleming Richtung GC-210, am Kreisverkehr erste Ausfahrt in Calle Barranquillo de la Plata, nächste rechtsseitige Straße Calle Cabo Verde | **Tipp** Nordwestlich des Ortes liegt die Playa de La Aldea mit einem Meerespool, einem Park, einem Hafen und einer Handvoll Restaurants. Auch die Asociación Montymar befindet sich dort, ein Informationsort für Taucher und Wanderer.

39 Der verstohlene Strand
Zwischen den Welten im Hier und Bald

Grönland hat den größten (mit Abstand), Malaysia den kleinsten (gefolgt von Deutschland), Tansania den wohl bekanntesten (im Clinch mit den USA, Kanada und Australien) und Gran Canaria weder den schönsten noch den beliebtesten, sondern gar keinen. Die Rede ist von Nationalparks. Unglaublich, aber wahr! Gran Canaria hat, im Gegensatz zu La Palma, La Gomera, Lanzarote und Teneriffa, bis heute nicht einen einzigen. Das will man jedoch nicht mehr länger auf sich sitzen lassen.

Das Reservat Guguy (aus dem Berberischen, übersetzt »bergige Kordilleren«, fälschlicherweise bekannt unter Güigüi) soll das Zeug zum Nationalpark haben. Keine Frage, das Gebiet ist in Bezug auf Vegetation und Tierwelt ein faszinierendes Sammelsurium, und die Naturlandschaft wird sich selbst überlassen. Es gibt jedoch einen Haken. Neun Prozent des Gebietes, etwa 300 Hektar, sind in privater Hand. Nun streiten sich Besitzer und Inselregierung, Letztere sitzt aber für gewöhnlich am längeren Hebel.

Zu den Schmuckstücken dieses Reservates gehören die vier Strände von Guguy: die Playa Peñón Bermejo, an die es kaum jemanden verschlägt. Die Playa Guguy Chica, die eigentlich die größere ist. Die Playa Media, an der die famose Düne von Guguy liegt. Und die Playa Guguy Grande, in die die zwei bestehenden Landwege einmünden.

Wer sich das Glück gönnt (ich bereits sieben Mal), den Weg zur Playa Guguy auf sich zu nehmen, wird seine Welt, welche auch immer es sein mag, verlassen und in eine neue, divergierende eintreten. Wirklichkeit und Fiktion vermischen sich zu einem schwebenden Freiheitsgefühl in Ekstase. Melancholie und Resignation, Heiterkeit und Vision taumeln im Tanz der Moleküle einen *Tango bravissimo*. Noch besser: eine *Isa*. Vom Schritt zur Figur bis hin zum Schlussakkord, das Herz rast, die Haut vibriert, und im Hintergrund sägt ein Hans Zimmer die passenden Töne dazu. *Lost in Guguy!*

Adresse Playa Guguy, auch Güigüi, 35478 La Aldea de San Nicolás | **Anfahrt** zwei Wege: ersterer von La Aldea de San Nicolás, der andere von Tasartico aus, letzterer mit knapp zwei Stunden kürzer (einfache Wegstrecke), beide ausgeschildert | **Tipp** Frühzeitig starten zahlt sich aus, im Laufe des Vormittags sollte es schon sein. Nur bei Ebbe dort zu sein ermöglicht den Gang zu allen Strandteilen. Ferner gelangt man auf der GC-204 an Tasartico vorbei zum Campingplatz und zur Playa Tasartico.

LAS PALMAS

40 — Der aparte Schrebergarten
Vorsicht! Giftzwerge statt Gartenzwerge!

Schon mal was von *Urban Gardening*, zu Deutsch Urbaner Gartenbau, gehört? Klar! Ist ja in aller Munde und seit Jahren unter den Weltverbesserern der heutigen Zeit ein zentraler Aspekt für eine grünere und nachhaltigere Konsumption. Und natürlich spielt dieser Begriff in einer modernen, pulsierenden Hauptstadt wie Las Palmas auch eine Rolle. Gleich mehrere Spots sind in den vergangenen Jahren entstanden und blühen seither im Schatten der Betonklötze.

Dieser urbane Garten hier ist das Vorzeigebienchen, denn die Hobbygärtner, die sich eine Parzelle ergattern konnten, pflegen ihn mustergültig, und er gibt reichlich Ertrag. Aber auch in anderer Hinsicht kann er als Vorbild dienen, denn als es um die Verwendung der Brachfläche inmitten der Stadt ging, standen die investitionsgeilen Bauherren Schlange, um sich mit einem luxuriösen, am liebsten 187-stöckigen Wohnhaus zu verwirklichen. Doch die Anwohner wehrten sich, und nach einem ausgiebigen Streit, den die Gockel beleidigt verloren, wurde die Erbauung des aparten Schrebergartens in die Wege geleitet.

Ziel war es jedoch, die Fläche nicht nur für das Gärtnern, sondern breit gefächerter zu nutzen. Und so integrierte man eine kleine Parkanlage samt Kinderspielplatz. Die Anwohner sind begeistert und lieben ihr kleines Grün zwischen den Häuserfassaden.

Urbaner Gartenbau ist allerdings keineswegs neu oder irgendwelchen hippen Veganern vorbehalten. Letztlich wird diese Art des Gärtnerns betrieben, seit es Städte gibt. Die Schrebergartenkultur ist ein gutes Beispiel, heutzutage meist an den Stadtrand gedrängt, aber es gibt auch allerhand Schrebergartenkolonien in innenstadtnahen Bezirken. Selbst in Großstädten wie München, Köln und Berlin. Was auf Gran Canaria jedoch noch nicht angekommen ist: der Gartenzwerg! Dafür gibt es jedoch diebische Giftzwerge, die sich langfingrig an den Beeten bedienen. Eine Plage!

Adresse Huerto Urbano Parque Pino Apolinario, Calle Portugal 15, 35010 Las Palmas | **ÖPNV** zum Beispiel L1 Richtung Puerto bis Haltestelle Eduardo Benot, dann zu Fuß nach Süden Richtung Calle Alfredo L. Jones, rechts auf Calle Luis Morote, links auf Calle Nicolás Estévanez, links auf Calle Fernando Guanarteme, rechts auf Calle los Martínez, links auf Calle Portugal | **Tipp** Parallel zur Calle Portugal verläuft der Paseo Las Canteras, die Strandpromenade der Playa de Las Canteras, die zu jeder Tageszeit ein herzzerreißendes Ambiente bietet und zum sinnvollen Dolcefarniente verleitet. Die Einheimischen behalten hier für gewöhnlich die Oberhand, sie lieben ihre Stadtstrandpromenade, auch abends zur Tanz-, Trieb- und Amüsierstunde.

LAS PALMAS

41 Der britische Totenacker
Mittendrin versteckt statt prominent unverdeckt

Das Viertel San José ist nicht einfach nur irgendein ödes Wohnviertel, vielmehr ist es eines der ältesten und geschichtsträchtigsten der Hauptstadt. Wissen tun das viele, interessieren keine Sau. Was den Anwohnern aber ganz recht ist, denn so konservieren sie ihr Viertel im Stile ihres Gustos, sehen keine Besucherhorden durchziehen und belauern erst in etwas weiterer Ferne die Zeichen der Yuppisierung.

Inmitten des Viertels, in einer unscheinbaren Seitenstraße, umgeben von schön-schlichten Wohnhäusern, liegt das älteste Stück britischer Geschichte der Kanaren. Ein schnuckeliger Friedhof, 1834 erbaut (1835 folgte die erste Beerdigung), der noch heute minutiös gepflegt wird, jedoch für das unwissende Publikum nicht einsehbar ist. Nun gut, Menschen, die ihren Haaransatz jenseits der zwei Meter tragen, könnte mit einem beherzten Sprung in die Höhe ein kurzer Blick über die Mauer gelingen. Für alle anderen heißt es erst mal doof aus der Wäsche gucken, denn die hohe Mauer schließt den quadratischen Totenacker ringsum ein. Bekanntlich haben die Briten ja ganz einen feinen Humor, und so kann man auf manch einem Grabstein lesen: »*Sleeping on the island he loved*«, »*See you soon*« und »*I told you I was sick*«. Im Jahre 2008 wurde der Friedhof zum kulturellen Erbe deklariert.

Und jetzt kommt die Magie, quasi der Christopher-Nolan-Trick (siehe Ort 42), um sich Zugang zu verschaffen, in zwei Varianten daher. Die erste Variante wäre ein MacGyverismus, der wahlweise mit Hilfe von Billardkreide, Kerzenwachs oder Schnürsenkeln zum Öffnen der Tür führt. Die zweite wäre das Klingeln bei Doña Angelica im östlich angrenzenden Haus gegenüber, hoffen, dass sie da ist, und das Anfragen des Schlüssels für das Friedhofstor. Na, für welche Variante entscheiden Sie sich? Ich habe da so ein Gefühl. Doña Angelica ist übrigens nicht mehr ganz die Jüngste, aber stets hilfsbereit. *¡Qué amable que es!*

Adresse Cementerio Inglés, Calle Macroni 13, 35015 Las Palmas | **ÖPNV** zum Beispiel L 91 Richtung Puerto de Mogán bis Haltestelle Puesto Guardia Civil, dann zu Fuß nach Norden links auf Calle Alicante, links auf Calle Córdoba, Treppe hoch auf Paseo de San Jose, links auf Calle Juan Sanchez Sanchez, rechts auf Calle Marconi | **Tipp** Quasi direkt nebendran, in westlicher Richtung, befindet sich der Parque Párroco Juan Brito García. Einer der wenigen Terrassenparks Gran Canarias und der allererste, der im Barockstil erbaut wurde.

LAS PALMAS

42 — Die cineastische Mauer
Hollywood: wo Seifenblasen Träume fabulieren

Es gibt nicht selten diese Momente im Leben, in denen wir Statisten sind. Statisten unseres eigenen Lebens. Und weit und breit kein Regisseur zur Hand, wir selbst schon gar nicht. Aber dann, in anderen Momenten, in denen wir nach den großkotzigsten Sternen greifen wollen, holen wir uns im besten Falle selbst, als Regisseure unserer Träume, wieder auf den Boden der Tatsachen zurück. Oft auf einen Boden ohne Fass, manchmal bodenlos, oft mit doppeltem Boden. Und dann gilt es, dahinterzuschauen, denn unter einem doppelten Boden versteckt sich meist eine lohnende Illusion, die sich auch als Wahrheit entpuppen kann. Ein großer Meister der Illusion ist Christopher Nolan, der in seinen Filmen stets Magie entstehen lässt.

Das Versprechen auf Magie ist auch genau das, was jährlich Anfang April beim Festival Internacional de Cine Las Palmas de Gran Canaria für volle Kinosäle sorgt. Und zwar bereits seit 18 Jahren. Wobei das mit den vollen Kinosälen so eine Sache ist. Wie viele andere Filmfestivals auf der Welt ist auch dieses von privater und öffentlicher Hand subventioniert. Müsste es allein durch Kartenverkäufe auf eigenen Beinen stehen, es würde untergehen.

Eine Hommage an den Kinofilm gibt es hier an diesem Ort zu bestaunen. Eine lang gezogene, über zwei Ecken laufende gelbliche Wand lässt uns in zehn Schritten und zusätzlichen Bildern graffitibebildert Zeuge einer Filmproduktion werden. Das Kunstwerk wurde vor gut zehn Jahren im Rahmen des Filmfestivals kreiert und stellt eine Bereicherung der palmanensischen Street-Art dar. Dennoch ist es wenigen Städtern bekannt, selbst wenn sie schon etliche Male daran vorbeigefahren sind. Oft liegt das Verborgene eben nicht unter einem doppelten Boden, sondern entfaltet seine Blüte direkt vor unseren Augen. *Camera obscura* oder *Laterna magica*, die menschliche Wahrnehmung wohl wissend eine Verräterin. ¡*No dejen de soñar! Sveños son dueños!*

Adresse El Muro Cinematográfico Hollywood, Carretera de Chile, s/n, 35010 Las Palmas | **ÖPNV** zum Beispiel L 47 Richtung Tamaraceite bis Haltestelle Ctre. De Chile, direkt zwischen Haltestelle und Tankstelle auf westlicher Seite | **Tipp** Folgt man der Carretera de Chile weiter nach oben Richtung Tamaraceite, biegt am Kreisverkehr bei der ersten Ausfahrt ab und dann zweimal hintereinander rechts, gelangt man zum »Mirador del Cardón«, der einem einen nordwest-nordöstlichen Stadtblick bietet.

LAS PALMAS

43 — Die Designfassade
Kreativ auf Bestellung, Kunst auf Rechnung

Die Welt braucht Menschen, die aufhören zu schlafen, um ihre Träume zu verwirklichen. Menschen, die mit ihrem Leben Geschichte schreiben, die das Bestehende hinterfragen, die der Meinung sind, dass noch nichts geschrieben steht. Entfesselte, leidenschaftliche und mutige Menschen. Menschen, die nicht erst darauf warten, erfolgreich zu sein, bevor sie das machen, was sie tatsächlich möchten, sondern groß werden, indem sie genau das machen, was sie möchten. Die Welt braucht Menschen, die lieben, was sie tun: *El mundo necesita gente que ame lo que hace.* Die Isleta ist sowohl der nordöstliche Zipfel Gran Canarias als auch der Hauptstadt und zu einem guten Teil urbanisiert, der Rest ist überwiegend Militärgebiet. Die Isleta beginnt bereits am östlichsten Teil der Playa de Las Canteras, und es ist auch genau dort, wo die Stadt die Kreativagentur »Cúrcuma Estudio« beauftragt hat, eine unvollständige Hausfassade künstlerisch und mit inspirierenden Botschaften zu bemalen. Herausgekommen ist eine findige Designfassade, die auf den ersten Blick vogelbunt daherkommt, auf den zweiten viele Details aufweist.

Man läuft tatsächlich daran vorbei und vermutet nichts Wildes, eine bemalte Mauer eben. Bunt und mit vielen Motiven und Schriftzügen, aber man kann ja nicht an jeder Wand stehen bleiben, die regelrecht um Aufmerksamkeit bettelt. Aber manchmal irrt man nun mal.

Ein weiterer Satz, der die kanarische Lebensphilosophie ganz gut beschreibt, ist der neben dem blauen Fenster. Wir Canarios lieben unsere Insel, und wir sind der übelsten Überzeugung, dass unsere Insel das Paradies auf Erden ist und es weit und breit, auf der Erde schon gleich gar nicht, keinen besseren Ort zum Leben gibt. Sie werden kaum einen Canario finden, der außerhalb seiner Insel leben möchte. Mal Urlaub machen oder temporär woanders arbeiten, aber dauerhaft leben? Nein, danke! Warum auch?

Adresse La Fachada Inspiradora Soñadora de La Isleta, Calle Caleta 22, 35009 Las Palmas | **ÖPNV** zum Beispiel L 1 Richtung Puerto bis Haltestelle Augustín Millares Sall, dann zu Fuß weiter nach Westen auf Calle Peta Agustin Millares all, weiter auf Calle Rafael Benton Travieso, rechts auf Calle Albareda, links auf Calle Juan Rejón, weiter auf Calle Ferreras, rechts auf Calle Faro, links auf Calle Vasco de Gama, links auf Calle Concejal Manuel Rodríguez Costas, weiter auf Calle Caleta | **Tipp** In der Calle Caleta 1 befindet sich das gut besuchte Fischrestaurant Amigo Camilo. Und zwischen der Designfassade und dem Restaurant sind kleine Fischerhäuschen, in denen sich allerlei Kurioses finden lässt, wenn denn die Kunst- und Musikschaffenden vor Ort sind und den Eintritt gewähren oder einen zumindest mal reinspicken lassen.

LAS PALMAS

44 Der einsame Wachposten
Es war einmal ein Pottwal …

Und dieser strandete Mitte der 1960er direkt vor der Nase des Viertels San Cristóbal und machte die Inselrunde, denn es dauerte einige Tage, bis er sich befreien konnte und sich wieder in die Abgründe von Neptuns Reich begab. Das Einzige, was er hinterließ, abgesehen von der Sensation, die in den Köpfen der Leute haften blieb, war der Spitzname, den man fortan den Bewohnern des Viertels gab: die Pottwaler. Ja, äußerst kreativ!

Heute ist das Viertel das einzige der Hauptstadt, das sich weitestgehend über die Fischerei definiert. Wobei es mittlerweile mehr die Fischrestaurants sind, für die es inselweit bekannt ist. Der Name des Viertels stammt aus den Zeiten des Eroberers Cristóbal García del Castillo und seiner Freibeuter und Piraten. Und ebenso aus dem 16. Jahrhundert stammt das stolze Vermächtnis kriegslüsterner Conquistadores, ein Bollwerk an Schloss. Wobei an dieser Stelle der Wahrheit Tribut gezollt werden muss, das Einzige, was vom Schloss übrig geblieben ist, ist der Überwachungsturm von San Pedro Mártir.

Nichtsdestotrotz ein starkes Stück Geschichte, das seit Jahrhunderten dem Meer trotzt. Es befindet sich am äußersten Rand einer Felszunge und ragt einige Meter ins Meer hinein. Eine wirklich machtvolle Festung, an der sich zu seiner Zeit der von den Spaniern gehasste Pirat Francis Drake die Zähne ausbiss. Auf Befehl von Elisabeth I. sollte er das Schloss einnehmen, aber er scheiterte bei all seinen Versuchen.

Piraten gibt es heute keine mehr, der einsame Wachposten wurde zum kulturellen Erbe erklärt und fristet nun sein Dasein im Schatten der hungrigen Mäuler. Das Viertel besteht aus etwa 60 Häusern, und die Anwohnerzahl ist in etwa drei- bis viermal so groß, aber zum Wochenende hin füllen sich die Parkplätze. Dann kommen insbesondere die nimmersatten Hauptstädter und mampfen den neun Fischrestaurants die Küchen leer. *¡Pescado para todos!*

Adresse Torreón de San Pedro Mártir, 35016 San Cristóbal, Las Palmas | **ÖPNV** zum Beispiel L 12 Richtung Las Palmas de G.C. bis Haltestelle San Cristobal, durch eine der Gassen ostwärts zur Promenade Calle Marina, dann links folgen bis zum Ende | **Tipp** Fisch oder Fisch oder Fisch, das ist es, was die Köche in tausendundein Variationen im Köcher haben. Egal, in welches Lokal Sie hineinstolpern, für jeden Fischgusto ist etwas dabei. Das eine rustikaler, das andere nobler und wiederum das andere familiärer oder etikettierter. Folgen Sie einfach Ihrer Fischnase. Und am südlichen Ende des Viertels befindet sich der *muelle*, der kleine Anlegehafen.

45 Das erhellende Yoga
Über das Suchen und Finden der Selbsterkenntnis

Der Körper ist das Haus, in dem das Selbst lebt. Yoga zu betreiben heißt, das Selbst zu enthüllen und Körper und Geist zu zentrieren. Das Selbst vom »Ich« unterscheiden lernen. Yoga im eigentlichen Sinne hat wenig mit der geläufig gewordenen Verbindung aus Wellness und Wohlfühlen zu tun. Diese fördert lediglich den Narzissmus und behindert das Wahrhaftige: Abstraktion als philosophischer Reinigungsprozess des Selbst.

Alberto Jorge, Inhaber und Pionier der Variation Power Yoga auf Gran Canaria, ist eine spanische Yogakoryphäe. Die von ihm begründete Praktik postuliert ein freies und kreatives Ausüben. Altüberlieferte Übungsserien mischen sich mit innovativem Alignment, dazu eine lebhafte Philosophie und archaische Tradition.

In einer Abwandlung von Hermann Hesse könnte man sagen, nach Yoga sehnt sich alles Leben. Präziser gesagt nach Klang, Einklang: Resonanz. Mit einem Klangtropfen, dem Urknall, hat alles begonnen, und die Suche nach unserem Selbst ist in Wahrheit eine Suche nach diesem zutiefst ursprünglichen Klang mittels Resonanz. In der Tabula Smaragdina steht geschrieben: wie oben so unten und wie innen so außen. Was nichts anderes bedeutet, als dass alles hineinfließt und wieder hinaus, aber vor allem, dass alles möglich ist. Vergessen wir Newton, die Kausalität ist so gestern, im Quantenbereich gilt allein die Möglichkeit. Die Alltagswelt erlernen wir durch Konditionierung und erlebte Erfahrungen, aber es ist die Interwelt, die eigentätig interpretiert. Aus dem Selbst manifestiert sich das mächtige »Ich«, und seine Entartung in Schach zu halten sollte jedem das Heiligste sein.

Bei Alberto gibt es Specials wie Air Yoga (an Tüchern hängend, in der Luft schwebend), Yoga Playa (am Strand), Hike Yoga (Wandern und Yoga) und Sup Yoga (auf einem SUP-Surfbrett). *Cuando nada es seguro, todo es posible*, wenn nichts sicher ist, dann ist alles möglich. Wirklichkeit heißt Möglichkeit!

Adresse Power Yoga Canarias, Calle Alonso Ojeda 12, 35009 Las Palmas, www.poweryogacanarias.com, Tel. +34/616148950 | **ÖPNV** zum Beispiel L 1 Richtung Puerto bis Haltestelle Agustín Millares Sall, dann zu Fuß weiter nach Westen auf Calle Poeta Agustin Millares Sall, weiter auf Calle Rafael Benton Travieso, rechts Calle Albareda, links Calle Juan Rejón, weiter auf Calle Ferreras, rechts auf Pasaje Pescadores de la Puntilla, links auf Calle Prudencio Morales, weiter auf Calle Alonso Ojeda | **Öffnungszeiten** Mo – Sa Kurse ab 9.15 – 22.30 Uhr | **Tipp** Der Mercado del Puerto in der Calle Albareda 76 befindet sich in unmittelbarer Nähe und ist eine schmuck sanierte Markthalle mit diversen Schlemmerküchen. Aber Obacht, für uns Yogis gehört auch eine adäquate Esskultur zu einem bewusst-blühenden Lebensstil dazu. Also Finger weg von kulinarischen Todsünden! Den Geist füttern, nicht die Hüftpolster!

LAS PALMAS

46 Das feudalmondäne Hotel
Fünf Sterne de luxe, money in the Büx

Die touristischen Anfänge auf Gran Canaria gehen weit über 150 Jahre zurück. Bereits Mitte des 19. Jahrhunderts kamen kulturhungrige Weltenbummlerbonzen auf die Insel des ewigen Frühlings und ließen sich den Whisky on the rocks auf dem Sonnendeck schmecken. Die Insel wirtschaftlich wie politisch hinter vorgehaltener Hand in den Händen der Briten. Es waren auch die Briten, die, Hand in Hand, auf Gran Canaria die ersten Unterkünfte und Hotels erbauten. Das noch heute in luxusorientierter Tradition geführte Hotel Santa Catalina ist ein Zeitzeuge jener Verwicklungen und eines der beachtlichsten noch erhaltenen Gebäude der Anfänge des heutigen Wirtschaftsmotors.

Nach gut sieben Jahren Bauzeit wurde das Hotel 1890 pompös und mit Fanfare eröffnet. Entworfen hat es der renommierte irische Architekt James MacLaren im britischen Stil der damaligen Zeit. Doch im Laufe der Jahrzehnte wurde der kanarische Stil aus der Feder des bekannten Architekten Miguel Martín-Fernández de la Torre und des künstlerischen Wandmalers Jesús Arencibia mit eingeflochten. Und so ist das Gebäude heute ein britisch-kanarischer Zwitter, der von innen wie von außen die Augen zu verzücken weiß.

Mehrmals wechselte das Hotel den Besitzer, beim jüngsten Mal mit gerichtlichem Nachspiel, aber die Erhaltung des Gebäudes im Sinne eines kulturellen Erbes wird stets angestrebt. Nun stehen erneut Sanierungs- und Reparaturarbeiten an, alle unter strengen Denkmalschutzauflagen.

Mittlerweile wurde das Hotel jedoch von der Stadt quasi verschlungen. Gab es früher weit und breit kein anderes Gebäude, so ist es heute, abgesehen von einem Park ringsherum, von der Urbanisierung eingekesselt. Sitzt man auf der Terrasse und gurgelt mit etwas Spritzigem oder einem aromavollen Destillat, kann man, blendet man die städtische Geräuschkulisse aus, ein ruhig-herziges Ambiente genießen. *¡Vivir a fondo!*

Adresse Hotel Santa Catalina, Calle León y Castillo 227, 35005 Las Palmas, Tel. +34/928/243040, www.hotelsantacatalina.com | **ÖPNV** zum Beispiel L 1 Richtung Puerto bis Haltestelle León y Castillo, dann zu Fuß weiter Richtung Nordwesten auf Calle Dr. Juan Carlos Marina Fiol, Zubringer zum Hotel | **Tipp** Im Rücken des Hotels erstreckt sich der Parque Doramas, ein grünes Refugium in gepflegtem Zustand und mit Amphitheater, in dem über das Jahr verteilt Konzerte und Theateraufführungen stattfinden. Open Air!

# 47 Der gefeite Stadtstrand
Ein Riff, ein Aufzug, ein Klavier und so viel mehr

Vor 1883: Der Strand ist basaler Teil des natürlichen und dünenbedeckten Isthmus, der das Landzipfelchen im Nordosten, die heutige »Isleta«, vom Rest der Insel trennt. Keine Gebäude, weit entfernt vom Stadtkern, kaum wirtschaftlicher Wert.

1883–1960: Mit Beginn des Baus des Hafens Puerto de La Luz wird der Isthmus nach und nach bevölkert, die Dünen verschwinden, der Strand wird »Las Canteras« getauft – in Anlehnung an die dort verwerteten Lehmkuhlen –, der gesamte Strandabschnitt phasisch urbanisiert und so zum wichtigsten Areal des gesamten Archipels. Erste europäische Schickimicki-Urlauber der Bourgeoisie, überwiegend Briten und Franzosen, finden sich ein.

Ab 1960: Der Strand und sein Drumherum werden massentourismustauglich gemacht. Gut 20 Jahre später ist der Boom vorbei, und der Tourismus verlagert sich in den Süden der Insel, der sukzessive mit Hotelanlagen und dergleichen zubetoniert wird. Anfang der 1990er wird der gesamte Strandabschnitt inklusive Promenade und angrenzenden Straßen rekonstruiert und modernisiert.

2000er: Einer der mondänsten Stadtstränden weltweit ist am Puls der Zeit und dient, allen voran den Einheimischen, als blaue Lunge und gelbes Herz. Die natürliche Kalkriffzunge, parallel zum Strand, beherbergt Agglomerate aus der Zeit des Übergangs vom archaischen Homo sapiens zum modernen Menschen, ist also über 100.000 Jahre alt und bei Ebbe begehbar. Ein natürlicher Meeresfahrstuhl, »El Ascensor«, und ein Felsenflügel, »El Piano«, sind nur zwei von vielen Kuriositäten entlang des Riffs »La Barra«.

Ich selbst habe endlos viele Stunden hier verbracht und vieles zum ersten Mal gemacht: die erste Welle geritten, das erste Sandschloss gebaut, die erste Muschel gefunden, das erste Mal ein Mädchen geküsst. *¿Y cuándo fue la última vez que hizo algo por primera vez?* Und wann haben Sie zuletzt etwas zum ersten Mal gemacht? Zeit wird's! *¡Por primera vez!*

Adresse Playa de las Canteras, 35007 Las Palmas | **ÖPNV** zum Beispiel L1 Richtung Puerto bis Haltestelle Tomás Miller, dann zu Fuß weiter nach Süden rechts auf Calle Sgto. Llagas, mündet auf Promenade | **Tipp** Der südöstlich angrenzende Stadtteil Santa Catalina ist bei Tag wie bei Nacht ein trubelturbulentes Ausgehviertel par excellence. Es gibt aber auch ruhige Cafés, in denen man ein Buch lesen kann, zum Beispiel den 1933 erschienenen Roman »Grand Canary« (deutsch »Das Haus der Schwäne«) von Archibald Joseph Cronin.

LAS PALMAS

48 Das grünatmende Stadion
Fußballer raus, Freizeitstädter rein

Was macht man mit einem ausgedienten Stadtstadion? Ist doch klar, man macht eine Parkanlage daraus. Nun ja, zugegeben, das war nicht die erste Idee, aber letztlich diejenige, die sich durchgesetzt hat. Es dauerte schließlich knapp zwölf Jahre bis zum ersten Spatenstich. Ursprünglich wollte man das Stadion komplett abreißen und ein Einkaufscenter errichten, was eine äußerst beliebte Bebauungsmethode auf Gran Canaria ist. Mittlerweile stehen geschlagene 19 Einkaufszentren auf der Insel, überwiegend im nordwestlichen Ballungsgebiet. Auf 1.000 Einwohner entfallen etwa 750 Quadratmeter Einkaufscenterfläche. Holla die Waldfee!

Mit der UD Las Palmas hat Gran Canaria seit 1949 einen erstligakompetitiven Fußballverein, der aus dem Zusammenschluss von fünf Vereinen entstand. Letztlich ist die UD jedoch eine Fahrstuhlmannschaft, denn es gab bereits etliche Auf- und Abstiege, sogar in die Dritte Liga. Auch nach der Saison 17/18 erwischte es den Verein nach drei Jahren Erstklassigkeit, und es geht nach einer äußerst erfolglosen Saison runter in die Zweite Liga.

Was den Fans des Vereins in Herz und Seele wehtut, aber spätestens beim Anpfiff des ersten Zweitligaspiels der neuen Saison wieder vergessen ist. Viele Canarios sind fußballverrückte Menschen, die ihren Verein bedingungslos unterstützen. Nun ja, wie eben überall auf der Welt, wenn Fußball mehr geworden ist als nur eine nette Freizeitbeschäftigung.

Die Parkanlage nutzt die ganze Fläche des alten Stadions, und Teile der Tribünen sind in ihrem ursprünglichen Zustand in die charmante Parkarchitektur integriert worden. Viel Grün mit Palmen, Blumen und Bäumen. Eine kleine Stadtoase, ein kleines grünes Lüngchen, das vor allem der unmittelbaren Nachbarschaft ein willkommener Erholungsraum ist, der täglich von Grünsuchenden und Bewegungstriumphatoren genutzt wird. Auch ein Spielplatz und ein Café wurden integriert.

Adresse Parque del Estadio Insular, Calle Pío XII, s/n, 35006 Las Palmas, eingekesselt zwischen Calle Pío XII, GC-2, Paseo Chil und Calle Manuel Gonzáles Martín | **ÖPNV** zum Beispiel L1 Richtung Puerto bis Haltestelle León y Castillo (Torre Las Palmas), dann zu Fuß weiter nach Norden auf Calle Leopoldo Matos, rechts auf Calle Manuel Gonzáles Martín bis zum Ende | **Öffnungszeiten** täglich 7–23 Uhr | **Tipp** Vier Blocks entfernt erstreckt sich im Osten die Playa de Las Alcaravaneras mit Beachvolleyball-Plätzen, prächtigstem Hafenblick und angrenzendem Yachthafen. Der Strand ist die kleine Schwester der Playa de Las Canteras.

LAS PALMAS

49 Das höhenluftige Quartier
Alles außer kasernierte uniformierte Staatsdiener

»Hoch droben auf dem Berge« ist eine schrecklich schauderhafte Schnulze des Filmemachers Géza von Bolváry, die nur schwer verdaulich ist. Hingegen befindet sich hoch droben auf dem Berge von San Juán ein kleines Prachtstück an Fundstück, wenn auch nicht mehr ganz in einem Stück. Die schnippelbohnigen Überbleibsel eines Quartiers, das Anfang des 20. Jahrhunderts im Zuge des Spanisch-Amerikanischen Krieges errichtet worden ist, zeitzeugen hier in bester vandalisierter und verlotterter Form an einem unsagbar exponierten Platz, damals wie heute quasi über den Dächern der Stadt.

Was für ein privilegierter Ausblick! Von La Isleta bis zur Punta de Gando und von der gesamten Talrinne des Barranco de Guiniguada bis zu den Berggipfeln der Insel. Im Grunde genommen steht man inmitten der Stadt, am einem der höchsten zentralen Punkte, und kann den Augen einen 360-Grad-Blick vom Feinsten gönnen. Unten in Vegueta erkennt man sogar die berühmt-berüchtigte Catedral Basílica de Santa Ana, die als das bedeutendste architektonisch-religiöse Monument der Kanaren gilt.

Etwas weiter südlich befinden sich ein paar Kasematten aus dem Zweiten Weltkrieg, die im Zuge der britischen Operation Puma/Pilgrim erbaut wurden. Die Briten hätten nach einer erfolgreichen deutschen Operation Felix, die das Ziel hatte, den Briten Gibraltar abzuknöpfen, mit besagter Operation versucht, die Kanarischen Inseln einzunehmen, beginnend mit Gran Canaria. Letztlich kam alles anders, und die militärischen Mittel wurden wenig später in Madagaskar eingesetzt, das die Briten den Franzosen 1942 abluchsten.

Lässt man sich auf eine wortwörtlich gemeinte Gratwanderung ein, erreicht man nach einer Weile die Ciudad San Juán de Dios und die Siedlung El Lasso. Weiter auf dem Grat gelangt man sogar bis nach Tafira. Ein Freund aus San Juán nutzt den Grat als Lauftrainingsstrecke. Was ein Babo der Kerl!

Adresse El Quartel de San Juán, Calle Marfea, s/n, 35015 San Juán, Las Palmas | **Anfahrt** auf GC-5 nach Kreisverkehr rechts abbiegen Richtung San Juán, nach erster Serpentine rechts, nach weiteren Serpentinen ganz oben gegenüber Bushaltestelle zu Fuß ins Terrain, links am Gebäude der Wasserwerke vorbei bis zur Kasernenruine und Kasematten | **ÖPNV** zum Beispiel L 54 Richtung San Juan bis Haltestelle Batería de San Juan, dann zu Fuß weiter wie in Anfahrt beschrieben | **Tipp** Südlich gelegen, zwischen der Calle Parróco Matias Artiles und dem Paseo de San José in der Calle Miguel Servet, steht eine verglaste Außenaufzugskonstruktion, die die Viertel San Juán und San José miteinander verbindet. Eine groteske wie unnötige Konstruktion, die obendrein meist außer Betrieb ist.

LAS PALMAS

50 — Die Läufer-Festivals
Schuhe verbrennen, bis die Sohlen glühen

Gehen, laufen, joggen und neuerdings trailen, sprich traillaufen. Die Rede ist vom Traillauf, also dem Trailrunning. Erst 2015 vom IAAF als offizielle Disziplin anerkannt, wird natürlich schon seit eh und je durch Wald und Wiesen gelaufen. Das nannte sich bis dato schlichtweg ganz klassisch Waldlauf. Aber heute heißt es eben Traillauf und hat in den letzten Jahren einen unglaublichen Hype erfahren.

Einer der wichtigsten Termine dafür weltweit ist mittlerweile die Transgrancanaria. Ein Trail-Wettbewerb, der bereits 2003 initiiert worden ist. 15 Jahre später ist es ein Stelldichein der Trail-Elite, aber dank Rennen über kürzere Distanzen und weniger anspruchsvollen Strecken erfreut sich der Wettbewerb auch bei Amateuren und Neueinsteigern großer Beliebtheit. Gran Canaria bietet mit seinem einzigartigen landschaftlichen Relief ideale Bedingungen für solch einen Wettbewerb. Und längst begeistert der Sport auch die Massen, und die Canarios widmen sich dem freizeitlichen Traillaufen, betrailen dafür die gesamte Insel.

Mindestens ebenso große Popularität hat das Wandern generieren können. Wer was auf sich hält, der besteigt am Wochenende mal kurz einen Berg oder geht auf Wandertour durch Wald und Wiesen. Gran Canaria ist das Wanderparadies schlechthin, und nach und nach wurden etliche Wanderstrecken etabliert. 2012 wurde das Walkingfestival aus der Taufe gehoben. An mehreren Tagen werden jeweils unterschiedliche Wandertouren angeboten, die durch die großartigsten Gebiete der Insel führen.

Klar, Gran Canaria ist viel Strand, Sonne und Meer, und das ist auch gut so, aber nicht umsonst spricht man seit Jahrzehnten von den Kanaren als Miniaturkontinent. Auf Gran Canaria trifft das sehr gut zu, und man kann erst verstehen, was damit gemeint ist, wenn man auch mal abseits der Pfade den Horizont erweitert. Strandliegemensch versus Trailwandermensch! Ärsche hoch!

¡Quien no se mueve muere! ¡Vamos!

Adresse Büros der Festivals: Transgrancanaria, Calle Urbanización Industrial Díaz Casanova, s/n, 35010 Las Palmas, www.transgrancanaria.net; Gran Canaria Walking Festival, Calle Los Balcones 4, 35001 Las Palmas, www.grancanariawalkingfestival.com | **Tipp** Der Ocean-Trail mit mehreren Trampelpfaden am Wasser entlang und auf felsigem Untergrund an der Playa El Confital samt Stegpromenade. Ich laufe ihn regelmäßig morgens, wenn die Sonne sich langsam über dem Isletahügel an den Himmel schmiegt und die Stadt wachküsst. Auch ich ein Babo (siehe Ort 49)? Mitnichten!

LAS PALMAS

51   Die lebhaften Museen
Durch Las Palmas museumieren

Die einen lästern über ergrauten Museumsstaub, die anderen schauen sich lieber über Museumsnächte handelnden Hollywoodklamauk im Kino an, und wiederum andere wollen ein Stück weit die Augen geöffnet bekommen. Sich vom Zeitpfeil und der Raumzeit einnehmen lassen, das Wesen der Zeit erfühlen, das Ich-Bewusstsein stärken, sich in der Kunst der Muße suhlen.

Ein Museumsbesuch muss keineswegs das trockene Knäckebrot hinter einem ausgedienten Billy-Regal sein. Museen, gerade heute, wie selten zuvor, versprühen den wahrhaftigen Spirit des Zeitgeistes: Oder exponiert sich heutzutage ein Großteil von uns etwa nicht andauernd selbst, ist quasi sein eigenes Museum? »Gebt mir ein Museum, und ich werde es füllen«, sagte einst Picasso. Und in diesem Sinne füllen heute die Kustoden und Kuratoren die Museen. Und alle anderen das Internet.

Auf Gran Canaria gibt es sage und schreibe über 70 Museen. Allein in Las Palmas sind es schlagene 15. Die einzige Gemeinde ohne Museum ist derzeit Mogán. Das historische und ethnografische Museo Canario ist das museale Aushängeschild der Hauptstadt. Vom Flughafen direkt ins Museum und sich eine Audiotour reinziehen, nur so versteht man auf Anhieb, auf welchem Fleckchen Erde man gelandet ist. Macht natürlich keiner, aber unwahrer wird es dadurch trotzdem nicht. Die im Museum ausgestellte Figur »El Ídolo de Tara« ist weltberühmt und ab und an auf Wanderschaft, so auch vom 13. bis zum 18. Juni 2019 im Deutschen Historischen Museum Berlin im Rahmen der Ausstellung »Europa und das Meer«.

Weitere nam- und lebhafte Museen sind die Fundación Martín Chirino, die sich im Castillo de La Luz befindet, das CAAM und die Casa-Museo Pérez Galdós.

»Ersinne dir nur kein Reich, das vollkommen ist! Denn der gute Geschmack ist eine Tugend von Museumswärtern«, so einst Antoine de Saint Exupéry. Museumieren Sie geschmackvoll!

Adresse El Museo Canario, Calle Doctor Verneau 2, 35001 Las Palmas; Castillo de La Luz, Calle Juan Rejón, 37, 35008 Las Palmas | **ÖPNV** zum Beispiel L12 Richtung Hoya de La Plata bis Haltestelle Mercado de Vegueta, dann zu Fuß weiter nach Südosten rechts auf Calle Roque Morera, links auf Calle Espíritu Santo, links auf Calle Reloj, links auf Calle Dr. Verneau; zum Beispiel L12 Richtung Puerto bis Haltestelle Augustín Millares Sal, dann zu Fuß weiter nach Osten links auf Calle Mahón, links auf Calle Juan Rejón | **Öffnungszeiten** Mo–Fr 10–20 Uhr, Sa, So und Feiertage 10–14 Uhr; Di–Sa 10–19 Uhr, So und Feiertage 10–14 Uhr | **Tipp** In der Nähe des Museo Canario, an der Plaza de Santa Ana, befindet sich die berühmte Catedral de Santa Ana. Und legen Sie dieses Buch auch mal zur Seite und lassen Sie sich einfach vom Flair dieser teils magischen, musealen Stadt anstecken und treiben.

LAS PALMAS

52 — Der lukullische Gan Eden
Die Alma Mater der blühenden Künste

Sventenius alias Eric Ragnor Svensson, Dr. David Bramwell, Bernardo Navarro Valdivielso und Dr. Juli Caujapé Castells, vier Persönlichkeiten, die als Direktoren dem Botanischen Garten seit seiner Entstehung in den frühen 1950ern ein Gesicht gaben, mit der Idee, den gesamten botanischen Reichtum Makaronesiens in einem groß angelegten Garten zu erhalten. *Mission impossible? Mission accepted!* Auf den Kanaren gibt es etwa 600 bekannte botanische Endemiten, also Pflanzen, die nur hier vorkommen, davon gut 90 auf Gran Canaria, und ein Großteil gedeiht hier im Botanischen Garten. Es handelt sich dabei überwiegend um Paläoendemiten, auch wenn es einige Neoendemiten gibt und mitunter sogar auch Neophyten. Die Anzahl der Endemiten in Relation zur Fläche ist gigantesk, und so wird der kanarische Archipel auch als die Galapagosinseln der Flora bezeichnet. Zusätzlich beherbergt der Garten eine Vielzahl von exotischen Pflanzen, die in eigenen Gartensegmenten in trauter Gemeinsamkeit dem Leben entgegensprießen.

Zwei weitere große Bausteine des Gartens sind die Forschung einerseits und die Bildung andererseits. Das angeschlossene wissenschaftliche Laboratorium war zu anfänglichen Zeiten spanienweit das erste, das Molekularbiologie im Repertoire hatte. Auch heute noch werden hier nationale wie internationale Aufträge entgegengenommen. Für Biologen aller Erdteile stellen die Kanaren ein bedeutendes und aufschlussreiches Biotop dar. Auch eine DNA-Bank und eine Germoplasma-Bank, also eine Saatgut-Bank, zählen zur Forschungseinrichtung des Gartens, wie auch ein Dokumentations- und Informationszentrum und ein Bildungszentrum.

Ebenso wird eine Datenbank zu bedrohten Arten geführt, die, wen wundert's, stetig größer wird. Was am Ende zählt, ist allein der umsichtige Umgang mit allem Leben auf dem Felsen, den wir Erde nennen. *¡Neustro planeta es hermoso y único, protéjanlo!*

Adresse Jardín Botánico Canario Viera y Clavijo, Calle Jardín Canario, s/n, 35017 Las Palmas | **ÖPNV** zum Beispiel L 311 Richtung Santa Brigida (polideportivo) bis Haltestelle Jardín Canario, dann zu Fuß weiter nach Südwesten auf Calle Piquillo, rechts auf Calle Jardín Canario | **Öffnungszeiten** täglich, Sommer 9–19 Uhr, Winter 9–18 Uhr | **Tipp** Das Restaurant Jardín Canario im oberen Teil des Gartens gehört zum Gartenensemble dazu, hat eine Terrasse, offeriert einen Blick über das gesamte Areal und bietet kanarisch-mediterrane Küche. Das Restaurant Flor Canaria im unteren Teil außerhalb des Gartens ist eigenständig und bietet eine kanarisch-fusionierte Küche, quasi eine handwerkliche Crossover-Globetrotter-Küche.

LAS PALMAS

53_Der müßige Atlant
Meer im Blick, Küste zu Füßen, Berge im Rücken

Mit einem nackten, muskulösen Oberkörper, der so manchem Bodybuilder den Schweiß auf die Stirn treibt, präsentiert sich uns dieser Kerl hier. Ganz im Stile eines titanischen Himmelträgers macht er genau das: Er trägt den Himmel. Wo andere seinesgleichen Säulenjobs übernehmen, widmet sich dieses Exemplar dem Dolcefarniente. Wobei das so alles gar nicht stimmt.

»El Atlante« ist die technisch kunstvolle Skulptur des bereits verstorbenen kanarischen Künstlers Tony Gallardo, die eine aus dem Magma emporgestiegene Frau aus Vulkanfels darstellt und als Symbol für die Täler und Schluchten der Insel steht. Die meisterhafte Skulptur ist also weder ein Atlant im klassischen Sinne noch männlich und auch kein Lastenträger. Die monumentale Felsenfrau hebt ihren Brustkorb, atmet die berauschende und stimulierende Luft des Atlantiks ein und streckt ihm ihre Arme entgegen, als wolle sie den ganzen Ozean, die ganze Welt umarmen. Es gibt nicht wenige, die behaupten, der Künstler hätte ein Selbstbildnis in die Skulptur mit eingearbeitet. Sie weisen dabei auf den Pferdeschwanz hin, den er gern trug.

Tony Gallardo war gleichfalls Sportler und politischer Aktivist, ging dafür auch eine Weile ins Kittchen, wanderte nach Venezuela aus und lebte zeitweise in Madrid. Doch seine Heimat war und blieb zeit seines Lebens Gran Canaria, um genauer zu sein Las Palmas und da vor allem die Playa de Las Canteras. In Tonys Kunst spielte die Erfahrung des Lebens am und mit dem Strand stets eine übergeordnete und sanguinische Rolle. Geboren ist diese Verve in frühen Jahren, als er dort seine große Liebe kennenlernte. Ein Moment für die sprichwörtliche Ewigkeit, denn sie verbrachten von da an über 50 Jahre zusammen, in denen sie mit- und füreinander durch die Tiefen und Höhen des Lebens gingen. Stets Seite an Seite, bis sein Tod meinte, ihn von ihr wegreißen zu müssen. *Descansa en paz.*

Adresse El Mirador del Atlante, Carretera del Rincón, Kilometer 2, 35010 Las Palmas | ÖPNV zum Beispiel L 17 Richtung Auditorio bis Haltestelle Auditorio, dann zu Fuß weiter nach Westen auf Carretera del Rincón, weiter auf Promenade bis Kilometer 2 | Tipp Der unmittelbare Nachbar des müßigen Atlanten ist das Lokal El Rincón del Atlante, das von den Hauptstädtern stark frequentiert wird. Und in Maspalomas gibt es den wieder eröffneten Parque Tony Gallardo, eine große Parkanlage, die dem Künstler gewidmet ist.

54__Der pomphafte Stadtblick
Aus Sicht der Aussicht eine Aussicht mit Sicht

Den Blick nach außen führen, dabei den Blick nach innen kultivieren und den in die Zukunft wagen. Eine Aussicht sollten wir stets im Repertoire haben, keineswegs uns an trister Trägheit laben. Wer ohne Aussicht lebt, der ist ohne Aussicht auf Leben. Wen es betrifft, so leid es mir tut, der soll sich schämen. Keine Hängepartie in den Schultern wird geduldet. Herzen in die Hände, wir sind es uns schuldig. Auf, auf zu neuen Aussichten.

Nah und fern, die Augen sehen, aber es ist unsere Imagination, die Berge versetzt. In einem Loch, so klein und dunkel, in dem wir uns vergraben, im Hier und Jetzt. Für einen Weitblick müssen wir aufstehen und aus dem Loch einen Gipfel machen. Erst dann können wir die Voraussetzungen schaffen, um eine bessere Zukunft zu backen. Unser Dasein nährt sich vom Glauben an eine Aussicht. Kommt sie uns abhanden, regiert schnell die Dunkelheit über das Licht. Einsicht auf Aussicht ist Zuversicht, Ansicht in Klarsicht, welch unumstößliche Wahrheit.

Wer diese Aussicht hier genießen möchte, läuft wenige hundert Meter auf den Hügel »Montaña de Las Coloradas«. Durch schroffes Gelände, im Banne trockenen Vulkanstaubs, in Ermangelung des seichten Nichtstuns, auf zum Gipfel mit dem Kreuz. Die Seele wird es einem danken, so bunt und weitläufig der Horizont, so kräftigend und erquickend der Weitblick: die ganze Stadt zu Füßen. Durch die Manege des Lebens, ein Blick wie 1.000 Inseln, Las Palmas, du bist so schön und hässlich zugleich.

Die schönste aller Aussichten: tschüss, weg, aus und vorbei – möchte man meinen, und doch ist das Leben eine Zauberei. Weg vom Fenster kommt so oder so sowieso, warum nicht gestalten, durch und durch, mit Getöse und Geschrei? Und wie der Harry einst sagte: »Viele Steine, müde Beine, Aussicht keine, Heinrich Heine.« Heute mehr denn je: kraulend im Meer, die Birne leer, Aussicht auf mehr, ist das fair? Was ein Flair!

Adresse Montaña de Las Coloradas, 35009 Las Palmas | **ÖPNV** zum Beispiel L 41 Richtung Las Coloradas bis Haltestelle Semana de la Pasión, dann zu Fuß weiter nach Süden auf die Montaña de Las Coloradas | **Tipp** Folgt man der Calle Coronel Rocha Richtung Meer, gelangt man zur Playa del Confital, der heimliche Nummer-eins-Strand der Hauptstadt. Mit etwas Glück finden Sie dort einen Schatz: die schönen Augen von Santa Lucía alias Roter Runzelstern (*Bolma rugosa*).

LAS PALMAS

55 Das pralle Tor zur Stadt
Triton, Turm und Tuchfühlung mit Sand und Meer

Alle Wege führen nach Las Palmas. Das wussten bereits Jean de la Fontaine und Voltaire, auch wenn sie Rom sagten. Fährt man auf der GC-1 von Süden in die Hauptstadt Gran Canarias, kommt man unweigerlich an einem ungewöhnlichen Duo vorbei, das durch einen verlockenden Strand samt Promenade miteinander verbunden ist.

Es handelt sich einerseits um eine zehn Meter hohe und zwölf Tonnen schwere, ein Schneckenhorn blasende Tritonskulptur von Manolo González und andererseits um einen 14 Meter hohen und 16 Tonnen schweren, eine Fahne haltenden Windturm von Néstor Álamo. Das gesamte Küstenareal, das früher Puerto de la Lasca hieß – nein, das hat nichts mit Alaska zu tun – und heute Playa La Laja heißt, ist das pralle Tor zur Stadt, auch wenn man für gewöhnlich auf der Autobahn daran vorbeibrettert und es links oder besser gesagt rechts liegen lässt.

Das Areal ist historisch betrachtet ein Zuckerstück. Bereits im 15. Jahrhundert findet der Küstenabschnitt Erwähnung als Ankerplatz und Strand. Das Felsmassiv im Rücken diente ab dem 16. Jahrhundert als Steinbruch, aus dem die Steine gebrochen wurden, mit denen die Stadt erbaut wurde. Früh entstand auch direkt am Strand eine kleine Siedlung und eine mit Tunneln und Brücken bespickte Bergküstenstraße, die Las Palmas mit Telde verband. Leonardo Torriani setzt »La Laxa« bereits Ende des 16. Jahrhunderts auf die Inselkarte. Erst Ende der 1990er wird mit dem Ausbau der Autobahn das aktuelle Erscheinungsbild erreicht, in dem nur noch wenig an früher erinnert.

Erinnerungen hat aber sehr wohl die ältere Generation, denn der Strandabschnitt war im gesamten 20. Jahrhundert der Alternativstrand zu Las Canteras. Meine Mutter beispielsweise, deren Familie dort ein kleines Strandhaus besaß, das es heute tatsächlich noch gibt, berichtet davon, dass ein Großteil der Palmanensen diesen Strand bevorzugte. Passender Filmtitel: La La Laja!

Adresse Mirador, Tritón, Torre y Playa de La Laja, 35016 Las Palmas | **ÖPNV** zum Beispiel L 55 Richtung Las Palmas de G.C. (San Telmo) bis Haltestelle Playa de la Laja, dann zu Fuß weiter mittels Fußgängerunterführung Autobahn überqueren | **Tipp** Direkt an der Unterführung auf Küstenseite gibt es zwei recht neue Meerespools, die eine Ergänzung zum Strand sind und Teil der Remodellierung des gesamten Küstenabschnittes. Außerdem kann man auf der komplett ausgebauten Promenade bis zum Puerto de La Luz (siehe Ort 56) laufen.

56_Puerto de La Luz
Die meeresbrisenden Kais

Für den Verfasser der Gedichtsammlung »Les Fleurs du Mal« (»Die Blumen des Bösen«) und Wegweiser der modernen Lyrik Charles Baudelaire war ein Hafen ein reizvoller Aufenthaltsort für eine im Lebenskampf erschöpfte Seele. Für die meisten von uns dürfte es nicht ganz so melodramatisch sein, ein Hafen ist schlichtweg ein Ort, an dem Schiffe ankommen und abfahren. Die Wahrheit liegt, wie bei so vielem, irgendwo dazwischen.

Auf das Ende des 15. Jahrhunderts könnte man die Ursprünge des Hafens von Las Palmas datieren, die des heutigen auf die Mitte des 19. Jahrhunderts und den tatsächlichen Spatenstich auf das Jahr 1883. Es waren mal wieder die Briten, die das Zepter, aber auch den Zunder in der Hand hielten. Sie legten Geld und Know-how auf den Tisch und die Canarios die billigen Arbeitskräfte. Und so entstand einer der bedeutendsten Häfen der Welt, auch wenn ihm schon längst dutzendfach der Rang abgelaufen wurde. Dennoch ist der Hafen von großer Bedeutung und weiterhin im Wachsen begriffen. Warenumschlagsplatz, Offshore-Service, Schiffswerften, aber auch Fischerei, Fährverkehr und Kreuzfahrtschiffe, alles, was ein großer Meereshafen eben so im Köcher hat.

Ein Hafengelände hat seinen Reiz, vor allem, wenn man sich mehr oder weniger frei bewegen kann, wie es hier der Fall ist. Es verändert die Perspektive auf die Stadt, das Land und die Leute. Für Besucher zwar nicht ausgelegt, aber auch nicht verschlossen. Die meisten Kais darf man begehen, teils auch befahren. Der äußerste ist nach Nelson Mandela benannt, der längste nach Königin Sofia von Schleswig-Holstein-Sonderburg-Glücksburg.

Ich kann mich noch gut erinnern, wie ich als Kind, meist gemeinsam mit meinen Geschwistern, an Papas Hand durch den Hafen spazierte. Es hatte Tradition, durch den Hafen zu trödeln, und es hat immer großen Spaß gemacht. Eine Tradition, die auch die neue Generation erfährt. ¡*El Capitán Trueno!*

Adresse Puerto de La Luz, 35008 Las Palmas | **ÖPNV** zum Beispiel L 1 Richtung Puerto bis Haltestelle Manuel Becerra, dann zu Fuß weiter nach Osten rechts auf Calle Dr. Antonio Jorge Aguiar, bei Plaza Belén María dritte Ausfahrt auf Avenida Juan Rodríguez Dorestes, im Kreisverkehr erste Ausfahrt auf Explanada Tomás Quevedo, im Kreisverkehr zweite Ausfahrt (Muelle de Leon y Castillo) | **Tipp** Hafengeplauder par excellence gibt es im Restaurant El Muelle. Und vom Muelle Nelson Mandela fahren die Fähren der Firma Armas ab, die mehrmals täglich andere Kanareninseln anfahren sowie das spanische Festland und bald auch Madeira.

LAS PALMAS

57 — Der sportive Leibespark
Körperkult, Kultkörper und per Körper kultivieren

Las Palmas ist eine sportverrückte Stadt. Die Leute haben einen unbändigen Bewegungsdrang und gehen vor allem draußen unter freiem Himmel ihren Sportarten sowohl zu Land als auch zu Wasser nach. Es gibt Dutzende Sportclubs und haufenweise Freiflächen und Parkanlagen.

Ein äußerst beliebter Sporttreff ist der »Parque Romano«, der täglich Hunderten, wenn nicht gar – mich aus dem Fenster lehnend – Tausenden sportaffinen Bewegungsmenschen als Ort des Schweißperlens dient. Eine zweispurige, 500 Meter lange Erdsandstrecke wird durch ein grünes Palmenmittelleitbeet getrennt und von einer grasigen Baum- und Strauchallee flankiert. Auf den seitlichen Rasenflächen sind Fitnessgeräte positioniert, und eine Street-Workout-Zone dient der Ausübung von Fitnesstrainingsmethoden wie CrossFit, Calisthenics oder Babobodybang.

Die Parkanlage dient vielen Sportgruppen als Trainingsort, was zu einer sportmultikulturellen Szene führt und eine schulterschlussfruchtbringende Atmosphäre kreiert. Über den ganzen Tag verteilt finden sich Personal Trainer mit ihren Schützlingen ein, aber auch Lauftreffs, Schulklassen oder mit Lautsprecher bepackte Sportcliquen. Möge es kalt oder warm sein, regnen oder die Sonne scheinen, trainiert wird hier immer. Und dabei darf das entsprechende Posting im Netz natürlich nicht fehlen. Selfie hier, Selfie dort, ab in die Matrix, denn etwas zu tun, ohne dass es die anderen mitbekommen, nein, diese Zeiten sind längst vorbei. Was man tut, soll nicht einfach im Angesicht des Selbst verpuffen, schließlich würde man es dann in vielen Fällen nicht einmal mehr tun und somit im Nichtstun ersticken.

Ein bisschen in die Jahre gekommen ist er schon, der Parque Romano, aber seitens der Stadt wird Geld lockergemacht, sodass eine Aufarbeitung stattfinden wird und der Park einen neuen Anstrich bekommt. Das soll bis Ende 2018 über die Bühne gegangen sein.

Adresse Parque Romano, Terracera Leon y Castillo 270, 35005 Las Palmas | **ÖPNV** zum Beispiel L 12 Richtung Hoya de La Plata bis Haltestelle Alc. J. Ramírez Bethencourt (Parque Romano) | **Tipp** Im südlichen Teil des Leibesparkes grenzt der Club Natación Metropole an, der das erste Schwimmbecken der Insel innerhalb seiner groß angelegten Anlage beherbergt, das zum früheren Hotel Metropole gehörte. Ein Freizeitbad betreibt der Club nicht, doch auch Nichtmitglieder können dort an bestimmten Kursen teilnehmen oder in den begrenzten Freischwimmstunden durch das Wasser kraulen.

58 Die lakonischen Strände
Die kleinen Geschwister der Playa Guguy

Wem der Weg zur Playa Guguy (siehe Ort 39) zu lang ist oder den teils fordernden Fußmarsch für misslich hält, der kann sich mit den kleinen Geschwistern, der Playa de Tiritaña und der Playa Montaña Arena, begnügen. Hier sind es jeweils reichlich weniger Meter zu gehen, die müheloser zu bezwingen sind. Bei Ersterer geht es eine Viertelstunde auf offenem Terrain, über Stein und Fels, durch eine enge Schlucht. Mit Kneipp-Sandalen, Kork-Sandaletten oder Kunststoff-Flipflops ist man also schlecht beraten, aber alles schon gesehen. Der Weg zu Letzterer geht an einem Küstenklippenpfad entlang und ist in etwa halb so lang.

Beide Strände sind Paradebeispiele für naturbelassene Strände, die weitestgehend unentdeckt bleiben. Auch wenn nun einige von Ihnen und vor allem das Internet mich jetzt dafür auslachen werden. Was bleibt heute denn schon länger als fünf Minuten »unentdeckt«? Dennoch, beide Strände sind keineswegs überlaufen.

Ein guter Freund verbrachte als Kind mit seiner Familie in den 70ern und 80ern unzählige Wochenenden oder gar Urlaubswochen an der Playa Montaña Arena. Mit Zelt, Gaskocher und allem, was man an einem Ort benötigt, an dem es weder Strom noch fließend Trinkwasser gibt. Zu jener Zeit war die »namensgebende« Sandwand im Rücken mindestens doppelt so groß, und bei Flut konnte es schon mal eng werden. Damals ein Naturstrandrefugium für Einheimische, heute für jedermann, der gern unter dem Sternenhimmel schläft. Wildcampen erlaubt? Wohl eher geduldet!

Die Playa de Tiritaña liegt in einer traummalerischen Bucht, das Wasser ist kristallklar, überall liegen Steine und Felsen herum, auch auf den ersten Metern zum offenen Meer hin, und ringsum ist man von Klippen umgeben. Bei Flut etwas ruppig, ein Baden bei Ebbe ist also zu bevorzugen. Es gibt natürlich weder Restaurants oder Bars noch andere Einrichtungen oder stille Örtlichkeiten.

Macht die Strände aber nicht unbeliebter, dafür unberührter.

Adresse Playa de Tiritaña, GC-500, zwischen Kilometer 40 und 41, 35138 Mogán, Pfad geht an der Kehre ab; Playa Montaña Arena, GC-500, bei Kilometer 23 Schotterparkplatz, zu Fuß weiter zum Meer, Klippenpfad links an Küste entlang | **Tipp** Und wer von den über 100 Stränden auf Gran Canaria nicht genug kriegen kann: Playa de Medio Almud. Ebenso auf der GC-500, quasi Tiritañas Nachbar. Zwischen Kilometer 39 und 40 geht an der Kehre eine asphaltierte Straße ab, wobei eine Schranke die Zufahrt versperrt. Also auch hier das letzte Stück zu Fuß.

59 Die quirlige Meeresgrotte
Für Badeclowns, Wassernixen und Schwimmweltmeister

Hier ist der Stier los! Und wenn Sie so wollen, der Wasserstier. *Tauro*, auf Deutsch Stier, ist der Name der Siedlung, des Strandes und auch der Meeresgrotte, die allesamt unweit vom Sonnenscheinort Puerto Rico liegen. Linker Hand des Strandes entlang der Küste befindet sich eine natürliche Meeresgrotte, wie sie sonst nur in Dokumentationen über Naturwunder von National Geographic vorkommen. Der Einstieg erfordert ein bisschen Mut, dafür gibt es Tropfsteine, Muscheln und Versteinerungen als Belohnung. Und ein paar Krebse, Seesterne und Schnecken. Guten Appetit!

Zu empfehlen ist der Besuch der Grotte bei Ebbe, letztlich ist sie bei Flut überwiegend voller Wasser. Die Ein- und Ausgänge sind so groß, dass sogar mit dem Kanu durchgefahren werden kann. Unter Einheimischen, vor allem bei der jungen Generation, ist die Grotte äußerst beliebt. Ebenso wie die Felsformation unmittelbar vor dem Zugang, die sie als Klippensprungszenario in Anspruch nehmen. Bei Ebbe scheint das Wasser nicht tief genug zu sein, aber die Sicht täuscht. Letztlich erkennt man bei den erfahrenen Grottenbesuchern, wie der Stier läuft.

Entlang der gesamten Küste der Insel gibt es unzählige Meereshohlräume unterschiedlicher Größe. Es sind vor allem die Taucher und Schnorchler, die immer wieder neue Unterwasserhöhlen und Meeresgrotten entdecken. Die meisten von ihnen, wie auch diese, sprechen sich schnell herum. Doch kaum eine wird durch die Inselregierung zum kulturellen Erbe deklariert, was diametral zu den Höhlenfunden an Land steht.

Dabei sind diese vom Meer geformten Funde dankbare Orte, die uns eine weitere Seite der Insel zeigen, die mitunter nicht die größte Aufmerksamkeit bekommt: Poseidons Reich! Die Unterwasserwelt Gran Canarias ist genauso spannend wie die des Zeus. Die Meeresküsten beherbergen natürliche Reichtümer sondergleichen, und ein Blick unter Wasser lohnt allemal.

Adresse La Cueva Bufadero de Tauro, Lugar Playa de Tauro, s/n, 35138 Mogán | **Anfahrt** GC-500 Carretera Mogán, auf Höhe des Kilometers 75 dem Weg Playa de Tauro zum Strand folgen, am südlichsten Abschnitt an der Felsküste unterhalb der ersten Erhöhung | **Tipp** Direkt am Strand gibt es ein Ecklokal, wo es in der zweiten Tageshälfte feuchtfröhlich dahergeht. PS: Schnorchelausrüstung mitnehmen. Und wer hat, ein Unterwasser-iPhone. Was? Sie haben noch keinen Instagram-Account? Dann twittern Sie eben. Auch nicht? Dann bleibt nur noch die Datenkralle Facebook! Mit einer mickrigen Whatsapp-Nachricht können Sie mich nicht abspeisen!

60 Das geheime Baumhaus
Hoch oben in den Bäumen baumelt ein Walderlix

Es ist schon Jahre her, ehrlich gesagt war ich noch ein Kind. Wie so oft wurde das Wochenende nicht zu Hause vor der Glotze oder der Konsole, mit Legosteinen oder dem Kämmen und Bürsten von Barbie, Ken und Co. verbracht, sondern draußen am Strand, auf einem Landgut oder, so wie jenes Mal, im Hochgebirge. Und zwar in »Los Tilos de Moya«, einem Naturreservat, in dem sich eines der letzten Überbleibsel des »Laurisilva«, des kanarischen Lorbeerwaldes, befindet, der vor weit über 500 Jahren zur »Selva de Doramas«, dem Doramas-Dschungel, gehörte.

Ich bin ein Lorbeerbaum, reißt mich hier raus! Nein, nein, ganz so wird es nicht abgelaufen sein. Aber in der Tat verschwand der Dschungel nach und nach. Die Menschen und ihre Eingriffe in die Natur. In den 80ern war die Zerstörung so weit fortgeschritten, dass die Inselregierung das heutige Gebiet »Los Tilos de Moya« zur Verbotszone erklärte und Wiederaufforstung betrieb. Heute ist das geschützte Gebiet wieder ein einzigartiges Waldrefugium.

Wir starteten an jenem Wochenende unsere Wanderung am »Centro de Interpretación de Los Tilos de Moya«, von dem aus Wanderwege abgehen. Und was entdeckten wir irgendwann irgendwo im Nirgendwo? Ein spektakuläres Baumhaus! Es befand sich weit oben in den Bäumen, und eine Liane hing davon herab. Der Dreikäsehoch Rolando, Mama und Papa anbettelnd, ihn hochklettern zu lassen, bekam das Okay. Und was sprang mir oben entgegen? Ein Walderlix! Welch Schreck! Und Rolando flog nach unten und plumpste in die Hände des reaktionsschnellen Papas.

Ich habe das Baumhaus nun mehrmals versucht ausfindig zu machen. Leider ohne Erfolg. Aber es ist da, da besteht kein Zweifel. Ich glaube, dass ich ganz nah dran war, das Bild rechts zeigt eindeutig Baumhaus-Equipment. Probieren Sie Ihr Glück! Und wenn Sie das Baumhaus finden, tätowiere ich mir das Baumhaus, oder ich lade Sie auf ein Eis am Stil ein.

Adresse Los Tilos de Moya, Centro de Interpretación de Los Tilos de Moya, Camino los Tilos 15, GC-704, 35421 Moya | **Anfahrt** von GC-700 auf GC-704, nach 100 Metern auf der rechten Seite | **Tipp** Das Areal Los Tilos de Moya ist übrigens auch ohne Baumhausfund jede Sekunde wert. Direkt an der Kreuzung der GC-700 und der GC-704 befindet sich das Restaurant Los Tilos, wo das kanarische Kaninchen zum Renner gehört. PS: Ich will mal nicht so knausrig sein, statt nem Eis spendiere ich ein fürstliches Abendessen bei mir zu Hause. *¡Quien busca encuentra!*

61 Das überbekannte Lokal
Über den Wolken heißt hier über dem Meer

Es ist so bekannt, dass es schon wieder unbekannt sein müsste. Wobei es sich aufgrund seiner prominenten Lage kaum verstecken kann und sich auch dem menschlichen Drang nach spektakulären Orten nicht entziehen kann. Man kennt dieses Lokal in erster Linie aufgrund seiner Lage am äußersten Zipfel der Siedlung El Roque, die quasi auf einem Felsenvorsprung erbaut wurde.

Doch ein Standort kann noch so eigenwillig daherkommen, was bei einem Restaurant am Ende den Ausschlag gibt, sind das Essen und der Service. Und was soll ich sagen, auch hier kocht man letztlich nur mit Wasser, aber die volle Punktzahl heimst es trotzdem ein. Hier paaren sich also gutes Essen und guter Service mit extravagantem Ambiente.

Teils nehmen Hauptstädter die gute halbe Stunde Autofahrt auf sich, um hier ein schönes Essen in guter Begleitung zu genießen. Als gäbe es in Las Palmas nicht ausreichend gastronomische Leckerbissen! Aber hierherzukommen hat einen gewissen Charme und eröffnet eine meeresbrisende Atmosphäre, wie sie sonst nicht zu haben ist. Es ist ein kleines gepflegtes Lokal, unprätentiös, eher leger und locker und dennoch mit Stil und durchaus fein.

Geführt wird das Lokal seit gut zehn Jahren von einem italienischen Weltenbummler und seiner Familie. Nein, keine typische Mama-Italia-Familie, sondern eher Patchwork und Freigeist. Die Karte ist klein, die Speisen ausgewählt, viel Frisches, Fisch und andere Meereskulinaritäten, und den Espresso gibt es aus dem Kaffeeperkolator, besser bekannt als Espressokanne.

Sie werden lachen, aber wie es der Zufall wollte, war mir dieses überbekannte Lokal bisher noch nicht über den Weg gelaufen. Unglaublich, aber wahr. Also ging ich gleich mal vorbei, entdeckte den Liebreiz des Lokals und lernte die charmanten Gastronomen kennen. Wohl bald wechselt der Besitzer, was dem Lokal aber sicherlich keinen Abbruch tun wird. *¡Hasta pronto!*

Adresse Locanda El Roque, Calle El Roque 58, 35413 El Roque, Moya | **Anfahrt** GC-2 Las Palmas – Agaete, Ausfahrt 15, am Kreisverkehr scharf rechts auf den Parkplatz, zu Fuß durch die engen Gassen bis zum nördlichsten Zipfel | **Öffnungszeiten** Di – Sa 10.30 – 24 Uhr, So 10.30 – 19 Uhr, Tel. +34/928/610044 | **Tipp** Wenige hundert Meter von El Roque entfernt Richtung Westen befindet sich der Küstenabschnitt San Lorenzo inklusive Meeresschwimmbecken und Surfschule.

SAN BARTOLOMÉ DE TIRAJANA

62 __ Das eherne Mühlenaquädukt
Wasserlos macht sprachlos, der Teufel ist los!

»Cada cual encamina el agua a su propio molino«, besagt eine spanische Redewendung, was bedeutet, dass jeder das Wasser auf seine eigene Mühle leitet. So geschehen auch hier, bereits im 19. Jahrhundert, inklusive einer windigen Finesse, einem Aquädukt. Erbaut mit Trägern aus Stein und Kien, floss das Wasser durch das Aquädukt und stürzte gute zwölf Meter auf die Schaufeln, was den Mühlenmechanismus auslöste. Ganz schön ausgefuchst, wenn auch ein alter Trick.

Wie wir bereits wissen, besitzen Windmühlen und -räder (siehe Orte 34 und 36) auf Gran Canaria eine lange Historie, und so verhält es sich auch mit Wassermühlen. Diese wurden vor allem als Kornmühlen betrieben, zumindest so lange, bis die Motoren Einzug hielten und das archaische Arbeiten dem technologischen Fortschritt wich. Heute gibt es nicht eine einzige Müllersfamilie auf der Insel, die bei der Herstellung von *gofio* (kanarisches Mehl, probieren!) noch auf die Kraft des Wassers setzt. Wir schreiben schließlich das Jahr 2018, und wir blicken zukunftserhaben auf voll automatisierte Mühlsysteme.

Und auf andere spannende Erfindungen der Zukunft, wie zum Beispiel den Weltraumtourismus oder die selbstfliegenden Lufttaxis. Oder wie wäre es mit virtuellem Reisen? Noch sind wir lieber selbst vor Ort, nicht wahr? Ist ein bisschen wie mit diesem Buch, es in den Händen zu halten ist eben doch etwas anderes, als es auf einem Blackscreen zu lesen oder es direkt ins Gehirn upzuloaden.

Aber die Zukunft wird uns alle einholen, ob wir wollen oder nicht. Und spätestens die Kinder unserer Kinder werden nur noch müde über uns lachen. Aber einmal in den Weltraum und zurück, dafür könnte ich Sie begeistern, oder? Lesen Sie dazu unbedingt mein zukünftig erscheinendes Buch »111 Orte im Universum, die Sie gesehen haben müssen«. Kleiner Vorgeschmack: Olympus Mons, Südpol-Aitken-Becken und Verona Rupes.

Adresse Monumento El Molino de Agua de Cazorla, GC-60, s/n, 35108 Fataga, San Bartolomé de Tirajana | **Anfahrt** auf GC-60 zwischen Kilometer 30 und 31 | **Tipp** Die Finca El Molino de Agua ist ein ökologisch betriebenes Feriendomizil inmitten des Talkessels von Fataga (haben Sie erst mal Talk-Esels gelesen? Sprechende Esel? Lässig!), das sich die Wassermühle zum Namen gemacht hat und nur einen Steinwurf vom ehernen Mühlenaquädukt entfernt liegt. Ein Trampelpfad verbindet beide.

63 — Der Ententeich
Alles an Enten, außer Ente süßsauer

Nein, Maspalomas hat nicht nur Strand, Meer und Sonne und misslich-hässliche Bettenviertel zu bieten. Zwar ist das so, wobei es auch gelingend-schöne Domizile gibt, aber es gibt eben auch Kontrastprogramm, wie zum Beispiel den Parque Urbano del Sur mit seinem Ententeich. Wer die Sandkörner also mal satthat, der kann hier auf Entenjagd gehen.

Wobei Jagd nicht bedeutet, dass Sie hier Ihr Abendessen schießen sollen. Es reicht, wenn Sie nach den Enten Ausschau halten, sie fotografieren oder einfach nur beobachten. Tut man genau das nicht überall auf der Welt? Wer hat in seinem Leben noch nie gründelnde Enten gefüttert? Die Handstreckerquote dürfte gegen null gehen.

Diese Enten hier haben übrigens schon so manchen internationalen Promi begrüßen dürfen, so zum Beispiel den Norweger Trond Nymark. Trond wer? Okay, ich gebe zu, nur die eingefleischten Fans des 50-Kilometer-Gehens werden diesen Ausnahmesportler kennen, der, für Geher untypisch, seine Körperbehaarung nicht rasierte, dafür aber Glatze trug. So wie er finden sich viele Laufenthusiasten, die den knapp 6.500 Quadratmeter großen Park als Laufstrecke nutzen. Ja, auch ich bin schon einmal dort gelaufen, aber das ganz unprominent, und den Enten war das schnurzquakegal. Der nicht ganz einen Hektar große Park hat auch noch einen Kletterfelsen, ein Terrassenlokal und einen Spielplatz.

Unter den Enten sollen ungeprüften Quellen zufolge Nachfahren von Donald Duck leben. Teile seiner Familie sollen in den 1950er Jahren nach Gran Canaria ausgewandert sein. Beweise gibt es nicht. Es hat sich jedoch eine Gruppierung entenenthusiasmierter Ornithologen zusammengetan, die dem Ganzen auf den Grund geht. Quak, quak, Quark! Aber auch ohne die Ducks gibt es hier unterschiedliche Entenarten zu bestaunen. Mit etwas Glück können Sie sogar einen Schwarzhalstaucher erspähen. *¡Qué guay! ¡Eso sí que mola!*

Adresse El Lago de Los Patos, Parque Urbano del Sur, Avenida de la Unión Europea, s/n, 35100 Maspalomas, San Bartolomé de Tirajana | **Anfahrt** zwischen den Vierteln San Fernando und Sonnenland, Eingänge an GC-500, GC-503 und Avenida Alejandro del Castillo, Ententeich im Südwesten des Parks | **Öffnungszeiten** täglich 10–23 Uhr | **Tipp** Es finden regelmäßig Musikveranstaltungen und Events im Park statt. Und wer von Parks nicht genug kriegen kann, der kann noch den Botanischen Garten um die Ecke in der Avenida Touroperador Neckermann 2 besuchen.

64 Der konfuse Seelenbahnhof

Meisterhafter Genresynkretismus in atemlosem Flair

Seelenbahnhöfe gibt es in nahezu allen Kulturen, bis weit in die Anfänge menschlicher Gemeinschaften, das Sich-in-die-Erde-legen-Lassen ist weit verbreitet, wobei Kolumbarien ebenso hoch im Kurs stehen, und überall und nirgends mangelt es an ihnen, gestorben wird schließlich immer. Klar, die Art und Weise ist mitunter sehr unterschiedlich, das »Wie« ist die Mutter aller Möglichkeiten, aber ob nun auf die eine oder andere Weise, aus und vorbei heißt es für jeden von uns einmal. Der Tod, er holt uns alle und erdet uns regelrecht, macht uns alle gleich. Er ist mehr als nur ein Endprodukt des Alterns, ein wichtiger Teil unserer Lebenswelt und Kultur, er verkörpert das unausweichliche Ereignis jeden menschlichen Lebens.

Dieser im neogotisch-eklektischen Stil erbaute Friedhof auf dem Monte Pibre – »El Cementerio de Tunte« – wurde bereits 1996 zum kulturellen Erbe deklariert, und seine Erbauung geht auf das Ende des 19. Jahrhunderts zurück. Ein gut 3.000 Quadratmeter großes rechteckiges Grundstück mit zwei parallelen Parzellen mit Leichenhaus, Begräbnisplatz und Kapelle, abgegrenzt durch eine Stampflehmmauer. Die ornamentalen Details der Fassade sind mittelalterlich inspiriert und weisen darüber hinaus Medaillons, Bordüren, Zierelemente und keltische Kreuze auf, die der Gotik und aufgrund der vermengten Architekturstile dem Eklektizismus zugeordnet werden können.

Hier haben wir also einen »konfusen Seelenbahnhof«, der einen Freizeit- gegenüber einem Totenbesuch zu einer architektonischen Reise in den Historismus macht. Hingegen bleibt für uns Lebende die allerletzte Reise weiterhin ein Mysterium. Das Wesen des Todes ist in ein tiefes Geheimnis gehüllt. Wir treten als Sterbliche in die Welt ein und werden ihn uns holen, den Schnupfen, aber eben auch den Tod. *¡Que viva la vida!*

Adresse Cementerio de Tunte, Calle San Juan, s/n, 35290 San Bartolomé de Tirajana | **Anfahrt** von GC-60 auf GC-603, weiter auf Calle el Roque, dann links in Calle San Juan, Zugang linksseitig an Kreuzung zu Calle Escaleritas | **Öffnungszeiten** täglich 8–17 Uhr | **Tipp** Links vom Haupteingang, am Ende der Mauer, geht ein Trampelpfad ab, der zu einer Erhöhung führt, von der aus man einen herzpeitschenden Ausblick hat.

65 Die kosmischen Relikte
Das Sonnensystem so nah und doch so fern

José García, Mitglied der Meteoritical Society und passionierter Meteoritenjäger, besitzt die drittgrößte Meteoritensammlung Spaniens. Das allein ist schon beeindruckend. Aber der Kerl hält die kosmischen Dinger nicht einfach nur unter Verschluss, sondern eröffnete kurzerhand ein privates Meteoritenmuseum. Wie cool ist das denn?

Gute drei Jahre hatte José seine Räumlichkeiten in Arinaga, musste aber schließen. Nun ist er dabei, im Süden der Insel eine neue Bleibe für seine Himmelsboten zu suchen, spätestens 2019 will er einziehen. Es gilt, die Augen offen zu halten, denn seine Sammlung ist erstrangig und auf den Kanaren sowieso einmalig.

Die Sammlung enthält nicht nur Meteorite, sondern auch Tektite, Impaktite, Moldavite und Dünnschliffe und andere vom Himmel gefallene kosmische Erzähler. Sprechende Steine, die uns viel über die Entstehung des Kosmos und der Planeten erzählen. Die Urgesteine unseres Sonnensystems erzählen komplizierte Geschichten, die uns der Wahrheit ein Stückchen näherbringen. Die Zeitkapseln sind meist 4,5 Millionen Jahre alt, entsprechend dem Alter des Sonnensystems. Jährlich prasseln so an die 20.000 davon auf die Erde ein, die allermeisten unbemerkt, sie plumpsen beispielsweise ins Meer. Gerade einmal etwa fünf pro Jahr werden gesichtet und dokumentiert. Sie sind äußerst schwer zu finden und sehr wertvoll. Neuerdings werden sie sogar als Wertanlage gehandelt.

Man findet allerhand in so einem Meteoriten. In schwarzem Glas eingeschmolzene Spuren der Marsatmosphäre oder magnetisch strukturierte Kristalle. Aber Meteorit ist nicht gleich Meteorit. Die häufigste Form ist der Steinmeteorit, es folgt ihm der Eisenmeteorit, und ganz selten ist der Stein-Eisen-Meteorit. José García kennt sie alle, jagt sie weltweit und präsentiert sie in sporadischen Ausstellungen. Und was jagen Sie so? Doch nicht etwa Enten (siehe Ort 63)?

Adresse Museo Canario de Meteoritos, lost in San Bartolomé de Tirajana, Räumlichkeiten aktuell noch nicht gefunden, ab damit auf die Merkliste und Augen auf | **Tipp** José García und seine Jünger haben 2017 die Zeitschrift »Meteoritos« aus der Taufe gehoben. Über www.meteoritoscanarias.blogspot.com kann man sich die in unregelmäßigen Abständen erscheinende Zeitschrift kostenlos als Datei schicken lassen oder sie direkt online lesen. Ansonsten gibt man sich das Kontrastprogramm: das Yumbo Centrum. Das legendäre »abgenudelte« Einkaufszentrum. PS: Ich hoffe, niemand nimmt mir »abgenudelte« böse, ist lediglich humorig gemeint.

66 Die Kosmos-Seher
Den Orbit stets im Blick

Ein Weltraumzentrum zum Nichtanfassen. Eigentlich ist »El Centro Espacial de Canarias« nicht zu übersehen, und doch weiß im Grunde genommen niemand, was dieses von Antennen und Teleskopen belagerte Areal genau ist. Irgendwas mit Universum halt, aber zu mehr reicht es für gewöhnlich nicht.

Es ist ein nicht öffentlicher Bereich, der von hohen Zäunen und Milliarden (mindestens!) Kameras eingegrenzt ist. Also mal kurz vorbeischauen und klingeln ist nicht. Ein klar ersichtliches Schild untersagt dem Normalo bereits weit vorher, der Straße zu folgen. Aber sehr wohl hat man von einigen Plätzen drum herum eine gute Sicht darauf, und man darf sich problemlos dem Areal nähern, ohne befürchten zu müssen, gleich abgemurkst zu werden oder wie im Film »Interstellar« vor einer höchst geheimen NASA-Einrichtung zu stehen.

Wobei NASA hier das richtige Stichwort ist, denn es war die NASA selbst, die in den 1950ern im Rahmen des ersten bemannten Raumfahrtprogramms der Welt – »Mercury« – einen Deal mit den Canarios aushandelte und Anfang der 1960er das Weltraumzentrum errichtete. 1975 sagte die NASA *adiós* oder wohl eher *goodbye*, und das Areal lag vorerst brach. Erst vier Jahre später eröffnete das Instituto Nacional de Técnica Aeroespacial dort eine Außenstelle. Heute gilt das Weltraumzentrum als anerkannte Einrichtung im globalen Netz der drei wichtigsten Weltraumbehörden der Welt: NASA, ESA und JAXA.

Besucher empfängt das Zentrum sehr wohl, Schulklassen oder Studentendelegationen, für den klassischen Herumtreiber bleiben die Tore leider geschlossen. Vom Weltraumzentrum aus werden unzählige Satelliten kontrolliert, die Aufgaben sind aber vielfältiger. Radiosignale einfangen, Bilder von der Erde empfangen, die Meerestemperatur messen und vieles mehr. Ein abgeschiedener Ort im turbulenten Maspalomas, um den sich kaum einer schert, wo das All aber stets im Blick ist.

Adresse Centro Espacial de Canarias des Instituto Nacional de Técnica Aeroespacial (INTA), Calle Los Pasitos, s/n, 35018 Lo Blanco, San Bartolomé de Tirajana | Anfahrt GC-500 zwischen Kilometer 20 und 21, am Kreisverkehr rechts Richtung La Montaña Blanca, Straße bis ganz nach oben folgen, auf Anhöhe hinter Bar Aridañy | Tipp Südlich des Weltraumzentrums an der Küste befindet sich die Playa de Las Mujeres. Bei Einheimischen äußerst beliebt und trotz des Namens »der Strand der Frauen« sind auch Männer willkommen. Wie auch alle anderen Gendertypen (und -typinnen) und Buchstabenmenschen. Evolution ist Vielfalt!

SAN BARTOLOMÉ DE TIRAJANA

67 Die schwindenden Dünen
Sich im Glanze der Sandhaufen monumentalisieren

Da steht man inmitten der Dünen, spürt das Kribbeln des Sandes zwischen den Zehen und tut was? Genau, ein Selfie schießen! Oder viele Selfies. Selten gibt man sich ja mit dem erstbesten zufrieden. Ein Dünenselfie? Famos! Die Dünen von Maspalomas sind mit das bekannteste natürliche Wahrzeichen der Insel, und man muss einfach mal selbst auf so einem Sandhaufen gestanden haben.

Wie oft ich schon in den Dünen stand? Unzählige Male, wie auch alle anderen Canarios, denn nur weil man sie vor der Nase hat, heißt das nicht, dass man sie weniger beachtet als einen Staubballen in der Deckenleuchte. Klar geht man immer wieder mal in die Dünen und spielt den Beduinen. Macht Spaß, bringt Freude, und selbst nach dem hundertsten Mal ist so eine Dünenlandschaft immer noch etwas Beeindruckendes.

Nur schrumpft sie Jahr für Jahr, und es ist gut möglich, dass sie bald verschwunden ist oder zumindest in der jetzigen Form nicht mehr existieren wird. In ein paar Millionen Jahren sowieso nicht mehr, aber der von Experten angegebene Zeithorizont ist viel kürzer, sie sprechen von den nächsten 100 Jahren. Ja, so ist das mit natürlichen Schätzen, die von Menschenhand in die Knie gezwungen werden. Man zwackt den Dünen mal hier und mal dort was ab, und zack, sind sie weg.

Es gibt Pläne für eine Wiederaufdünung, denn Gran Canaria ohne die Dünen von Maspalomas? Das will sich hier keiner wirklich vorstellen. Wobei, wer aufmerksam gelesen hat und sich noch erinnern kann: Im Text über die Playa de Las Canteras (siehe Ort 47) ist die Rede von einem dünenüberzogenen Isthmus im Nordosten. Innerhalb von nur wenigen Jahrzehnten hat man diesen dem Erdboden gleichgemacht. Ein Wunder also, dass diese Dünen hier noch existieren. Und jetzt? Ab auf die Dünen, bevor sie verschwunden sind! Und Selfie nicht vergessen, was kaum möglich sein wird, die Dünen sind voll von Selfieanern aka Smombies. *¡Sonreír!*

Adresse Dunas de Maspalomas, 35100 Maspalomas, San Bartolomé de Tirajana | **Anfahrt** Südosten von Maspalomas, Panoramablick samt Dünen-Informationszentrum hinter Hotel Riu Palace auf Paseo Costa Canaria 84 | **Tipp** Im gleichen Atemzug mit den Dünen von Maspalomas werden für gewöhnlich der Faro, sprich der Leuchtturm, die Charca, sprich der Tümpel, und die Playa, sprich der Strand, genannt. Auch die Playa del Inglés und der Paseo Marítimo reihen sich in diese Liste ein. Manchmal müssen eben auch die »schnöden« Klassiker herhalten.

SAN BARTOLOMÉ DE TIRAJANA

68 Die Tränen des Laurentius
Gucken, glotzen, glupschen und staunen

Und extraterrestrisch abgespaced geht es weiter, schließlich sind aller guten Dinge drei. Nach Meteoritenmuseum und Weltraumzentrum (siehe Ort 65 und 66) sind jetzt die kosmischen Tränen an der Reihe.

Wir sind das einzige Lebewesen, das gefühlsbedingt weinen kann. Freude, Schmerz oder Trauer: Durchschnittlich vergießt ein Mensch 100 Liter Tränenflüssigkeit in seinem Leben. Aber Vorsicht, »vergießt« ist negativ oder zumindest verschwenderisch konnotiert, also sagen wir doch lieber »produzieren«. Denn Tränen reinigen die Seele, regulieren die Psyche, lassen Mitgefühl bei anderen entstehen und filtern, klären und bereinigen Gefühle. Weinen gehört zu unseren Grundäußerungen, und all die Tränen, die wir nicht die Wangen herunterkullern lassen, ertränken auf Dauer unser Herz. Nun denn, heute schon geweint, sprich Tränen produziert?

Zu Berühmtheit haben es die Tränen des Laurentius von Rom gebracht, der am 10. August 258 den Märtyrertod starb. Dieser römische Diakon ist Namenspate für das alljährliche kosmische Feuerwerk, das gemeinhin als Perseiden bezeichnet wird. Ein Meteorstrom, der aus den Auflösungsprodukten des Kometen 109P/Swift-Tuttle besteht, als Partikelwolke um die Sonne kreist und von der Erde jährlich zwischen Juli und August gekreuzt wird.

Die graziöse Kassandra der antiken Mythologie, ausgestattet mit der Gabe der Weissagung, deutete die »Himmelsfeuer« als Zeichen einer blutigen Zukunft. Seit dem Mittelalter sind wir schlauer: Sternschnuppen sind Glücksbringer. Jedoch nicht überall: Die Mongolen zum Beispiel sehen darin immer noch Boten des Unglücks. Dennoch, wünschen Sie sich etwas, auf die Perseiden ist stets Verlass. Bis der Schweifstern Swift-Tuttle sich vollständig auflöst, werden noch einige tausend Jahre ins All gehen. Der Mirador de la Degollada ist ein gut erreichbarer Platz, um seine Wünsche ins Universum zu schicken. *¡Llorar!*

Adresse Mirador de La Degollada de La Yegua, GC-60, s/n, 35107 San Bartolomé de Tirajana | **Anfahrt** GC-60 bei Kilometer 7 | **Tipp** Gran Canaria bietet ganzjährig grandiose Konditionen, um in den Nachthimmel zu blicken (siehe Ort 111), vor allem im südlichen Teil, in dem es überwiegend wolkenlos ist. Weiter südlich auf der GC-60 befindet sich das gefühlt schon 100 Jahre lang existierende Freilichtmuseum Mundo Aborigen. Es ist einer der frühen touristischen Themenparks der Insel, ein Nachbau eines altkanarischen Dorfes.

SANTA BRÍGIDA

69 Der älteste Golfclub
Wo Briten schwungvoll den Schläger schwangen

Wer kennt ihn nicht, den VW Meerbusen, besser bekannt als VW Golf, in Anlehnung an die traditionelle Ballsportart mit den Löchern im akkurat geschnittenen Rasen. Papperlapapp! Weder eine Meeresbucht noch der Golfsport waren Namensgeber, sondern der »Golf« getaufte Hannoveraner eines VW-Mitarbeiters. Doch hier, bei diesem altehrwürdigen Club, gibt es keine Missverständnisse. Es geht um Golf, um die Sportart Golf, die britischen, um genau zu sein schottischen Ursprungs ist. Wobei es mittlerweile als gesichert gilt, dass Holland das Ursprungsland des Golfsports ist.

Der britische Fußabdruck auf Gran Canaria ist, wie wir bereits wissen, immens. Im 19. Jahrhundert war die Insel ein geostrategisches Stück Land von unschätzbarem Wert. Es waren allen voran die Briten, die sich die Insel unter den Nagel rissen und die heimlichen Herrscher waren. Es waren ebenso die Briten, die viele Sportarten nach Gran Canaria brachten. In erster Linie Fußball, dessen Ursprung nicht in England liegt, auch wenn es weiterhin als Mutterland des Fußballs gilt. Das ist wie mit der Pizza und den Italienern. Aber erzählen Sie das einmal Ihrem Italiener des Vertrauens von der Trattoria soundso. PAH! Der wird Ihnen gehörig den Marsch blasen und mitunter auf den Fladen spucken.

Der Golfsport gewann im Jahr 1891 mit dem Bau des ersten und heute ältesten Golfclubs Spaniens an Popularität. Nicht bei der breiten Bevölkerung, denn vorerst war es nur Briten oder ausgewählten Canarios vorbehalten, in den Club einzutreten. Heute kann jeder, ob Mitglied oder nicht, den Schläger über den Fairway spazieren tragen. 5.000 Meter Länge, 18 Löcher Par 71, Golf-Pro, Driving-Range, Putting und Pitching Green. Und all das auf hügeligem Terrain und somit herausfordernd.

Für jedermann ist der Sport aber auch heute nicht. Die große Masse bevorzugt dann doch lieber das Spielen mit etwas größeren Bällen.

Adresse Real Club de Golf, Lugar Campo de Golf 12, 35300 Santa Brígida, Las Palmas, Tel. +34/609/062944, www.rcgolflaspalmas.com | Anfahrt von GC-802 auf Camino a La Caldera bis zum Club | Tipp Einen etwas größeren Ball können Sie auf dem clubinternen Tennisplatz hin- und herschlagen, den Sie spätestens beim Besuch des übernächsten Ortes (siehe Ort 71) entdecken werden. Ein Tennisplatz am Rande eines Vulkankraters. Großes Tennis! ¡Rimbombante!

SANTA BRÍGIDA

70 Die Keramikwerkstatt
Lehm ist nicht gleich Lehm

Das mit dem Töpfern und Brennen von Lehm und Tonmineralen war einmal eine ganz große Nummer auf Gran Canaria, und eine heiße sowieso. Bereits die ersten Inselbesudler, Quatsch, Inselbesiedler – nicht dass noch eine Verwechslung mit Edward Lees Cthulhu-Mythos-Roman aufkommt – waren töpferisch aktiv. Die Töpferei ist eine der ältesten Handwerkstechniken des Menschen. Sie hat ihre Anfänge im Paläolithikum. Die ältesten Keramikfunde sind gut 30.000 Jahre alt. Heute stark in den Hintergrund ge(d)rückt, spielte die Keramik als Töpferware stets eine große Rolle.

Wer sonst, wenn nicht die Briten, die sich wie ein roter Faden durch dieses Buch ziehen, was einzig und allein ihrer vergangenen teils erstickenden Präsenz auf der Insel geschuldet ist, ließen sich das Steingut dieser Keramikhochburg schiffsweise in die Heimat dampfen. Die Töpferei von La Atalaya war zusammen mit der der Siedlung Lugarejo jahrzehntelang die beste Adresse für Keramik auf der Insel. Ihren besten Lehm förderten sie aus einem nahe gelegenen Hang, den sie heute nicht mehr hernehmen können, da das Gebiet trotz Widerstand als Bauland deklariert wurde und eine ganze Siedlung darauf entstand.

Die Töpferei wurde im Frühjahr 2018 renoviert. Es werden vor allem Auftragsarbeiten gefertigt. Aber auch eine Reihe Künstler nutzt die Räumlichkeiten als Tonatelier. Zusätzlich gibt es einen kleinen Töpferladen und einen Ausstellungsraum. Und im Nachbargebäude wurde die Höhlenbehausung des berühmtesten Töpfers von Atalaya, Francisco Rodriguez Santana alias »Panchito«, zu einem Museum umfunktioniert.

Erde, Wasser und Feuer, mehr braucht es nicht. Und natürlich die entsprechenden Hände, die formgebend ein zentrales Element sind. Da geht Ihnen jetzt doch nicht etwa die vom Evergreen »Unchained Melody« begleitete Töpferszene aus dem Film »Ghost« durch den Kopf? Fürs Töpfern muss man leidenschaftlich brennen.

Adresse Centro Locero de La Atalaya, Camino de la Picota 11, 35307 La Atalaya, Santa Brígida | **Anfahrt** von GC-80 auf Calle el Ramal, weiter auf Calle Cura Navarro bis Camino de la Picota | **Öffnungszeiten** Mo–Fr 10–14 Uhr | **Tipp** Im westlichen Teil der Siedlung steht die Parroquia del Santo Cristo de La Misericordia de Valdepenas, ein Gotteshaus, wie es annähernd Hunderte auf der ganzen Insel gibt.

SANTA BRÍGIDA

71 Die kolossale Vulkansenke
Drum herum oder mitten rein, so oder so superfein

Eines der geologischen und landschaftlichen Highlights in Hauptstadtnähe ist diese kolossale Vulkansenke. Knapp 250 Meter tief, etwa 1.000 Meter im Durchmesser und ein Umfang von nahezu drei Kilometern. Seit jeher ein tolles Ausflugsziel. Ich selbst war sicherlich schon an die fünfmal dort. Es ist nie gleich, immer anders.

Es gibt auf der ganzen Insel verteilt eine Vielzahl an Vulkansenken, schließlich schleuderte die Insel seinerzeit in feurigem Tempo Lava aus dem Erdinneren wie sonst nur Sitze Kampfpiloten. Die Caldera de Bandama hat aber etwas Besonderes an sich. Etwas, was nicht zu beschreiben ist, sondern schlichtweg gefühlt werden muss. Es ist ein Ort, über den man erzählen kann, was man möchte, aber einzig und allein vor Ort wird man die Magie des Ortes spüren und in eine fast schon supranaturale Daseinsverfassung gleiten.

Auf der einen Seite gibt es den Pico de Bandama, einen knapp 600 Meter hohen Aussichtspunkt, von dem Sie übrigens besagten Tennisplatz erspähen können (siehe Ort 69), und auf der anderen die Caldera de Bandama selbst, die umrundet oder bestiegen beziehungsweise abgestiegen werden kann. Es gibt an der Abzweigung zum Aussichtspunkt an der GC-802 einen Weiler, von dem aus ein Wanderweg nach unten führt. Der Wanderrundweg geht von der ersten Linkskurve der Carretera de Bandama ab.

Der Glaube versetzt Berge, hinterlässt aber auch Krater. Hier ist der Krater der Hauptdarsteller, der vor etwa 5.000 Jahren entstand und seitdem immer wieder mal gespuckt hat. Die letzte Eruption soll vor knapp 2.000 Jahren stattgefunden haben. Der Name Bandama leitet sich übrigens von Daniel Van Damme ab, der dort im 16. Jahrhundert Großgrundbesitzer war und Wein anbaute. Und nein, dieser Herr ist vermutlich kein Vorfahre von »The Muscles from Brussels« alias Jean-Claude Van Damme, denn der »Universal Soldier« heißt mit Nachnamen Van Varenberg.

Adresse Monumento Natural de Bandama mit Pico de Bandama und Caldera de Bandama, 35307 El Raso, Santa Brígida | **Anfahrt** von GC-800 über GC-4 auf GC-802, weiter auf GC-802 Richtung Bandama | **Tipp** Zwei Weingüter gibt es in der Gegend: eines in unmittelbarer Nähe, direkt im Weiler El Raso, die Bodega Hoyos de Bandama, und das andere in nördlicher Richtung, an der Abzweigung zur GC-821 gelegen, der Bodegón Vandama.

72 Der unbeugsame Drache
Fällt er oder fällt er nicht, ist hier die Frage

Santa Brígida war die erste Gemeinde der Insel, die 2008 damit begonnen hat, einen Baumkatalog zu führen, der singuläre Bäume auflistet. Sieben an der Zahl sind es im Moment. Unter ihnen der Drago de Pino Santo. Ein herrliches Exemplar, das aufgrund seines markanten Platzes schnalzende Zungen auf den Boden rollen lässt. Er ist inselweit bekannt, auch wenn die allermeisten ihn noch nicht zu Gesicht bekommen haben.

Ein Baum wie jeder andere, denkt sich der Banause, aber der Scharfsinnige weiß die Besonderheit dieses Drachenbaumes zu schätzen. Selfies mit dem Drachen sind mir übrigens noch nicht über den Onlineweg gelaufen, ist nun aber wohl nur noch eine Frage der Zeit. Drachenselfie! Lässig!

Dieser Drache muss nicht erst gezähmt werden. Am Rand eines Felsens, halb herauslugend, erklärt sich dem schlichten Geist keineswegs, wie er sich an dieser Position halten kann. Entsprechend habe ich keine Erklärung für Sie. Es handelt sich bei diesem Exemplar um einen wilden, sprich um einen nicht von Menschenhand gepflanzten Drachenbaum. Sein potenter Stamm entwächst direkt der Klippe, er ist stattliche 17 Meter hoch, und seine Baumkrone hat einen Durchmesser von 13 Metern. Jetzt sind die allermeisten von uns sicherlich keine Drachenbaumspezialisten, aber ich habe mir sagen lassen, dass diese Ausmaße von keinem anderen Drachen auf Gran Canaria übertroffen werden. Bis halt ein *tiquismiquis*, wie Korinthenkacker auf Spanisch heißt, daherkommt und einen findet, der diesen um ein My übertrifft.

Schwamm drüber, der Drago de Pino Santo ist ein Hit. Und er ist ein vitales Kerlchen. Laut Experten erfreut sich der gut 250-jährige Drache bester Gesundheit. Feuer spucken hat ihn bisher noch niemand gesehen, aber durch seine Adern soll rotes Blut fließen. Zahlreiche Legenden werden über das Blut des Drachen erzählt. Aber kommen Sie mir ja nicht auf die Idee, ihn anzuritzen!

Adresse El Drago de Pino Santo, GC-151, s/n, 35309 Santa Brígida | **Anfahrt** von GC-15 auf GC-151 Richtung Los Silos, nach Los Silos vor Brückenkehre linker Hand nach Bushaltestelle dem Pfad folgen, nach knapp 200 Metern erhebt sich der Drache linksseitig an einer Klippe | **Tipp** Weiter auf der GC-151 Richtung Westen befindet sich das Lokal La Bodega de La Montaña, wo es bodenständige Küche für hungrige Mägen gibt.

SANTA BRÍGIDA

73＿Das Weinhaus
Lokale Weine bei lokalem Ambiente in lokalem Lokal

Weinreben wurden auf Gran Canaria bereits im 16. Jahrhundert kultiviert. Manche Historiker datieren das Veredeln der Traube sogar noch weiter zurück. Unbestritten ist: Heute wird auf allerhöchstem Niveau eingemaischt und veredelt. Wie bereits bei »Die traulichen Trauben« (siehe Ort 32) erwähnt, ist die aktuelle Winzergeneration Feuer und Flamme, das Weinniveau im international anerkannten Weinanbaugebiet Gran Canaria hochzuhalten. Und man möge staunen, es gibt noch ungenutzte Weinanbauflächen, und die Flurkarte und der Flächennutzungsplan geben noch etwas Spielraum für neue Weinberge her.

Die Produktionsmengen sind im Gegensatz zu den großen Herstellern der Welt mickrig, aber genau da liegt doch oft der Schlüssel. Groß und viel und immer mehr und mehr, diese Art kapitalistische Parolen gehören doch schon längst in die Mottenkiste. Die Weingüter auf Gran Canaria sind mit romantischem Auge gesehen allesamt kreativ-künstlerische Weinmanufakturen, die im demütigen Einklang mit der traulichen Traube lustvolle Tropfen der Freude und des Glücks herstellen. Robert Louis Balfour Stevenson würde dazu sagen: »Wein ist Poesie in Flaschen.«

Das grundsanierte altehrwürdige Gebäude »La Casa del Vino« samt Weinmuseum, Degustationsraum und Restaurant, in dem ausschließlich Weine aus Gran Canaria serviert werden, ist ein idealer Platz, um sich ganz Gran Canaria in der Kuppa zu gönnen. Lassen Sie aber stets ausreichend Luftraum über dem Weinpegel, Sie wollen dem Bouquet schließlich nicht schon die Hosen runterziehen, bevor es sich überhaupt entfalten konnte.

Frei nach Platon ist der Wein ein Geschenk der Götter aus Erbarmen dem Menschen gegenüber. So weit würde ich nicht gehen, wobei – einem Platon zu widersprechen, da braucht man schon die berühmt-berüchtigten *cojones*. Sagen wir es doch mal so, und zwar schillerisch, ein Glas Wein kann Teufel vergöttern.

Adresse Casa Museo del Vino, Calle Calvo Sotelo 26, 35300 Santa Brígida | **Anfahrt** von GC-15 vor Kreuzung mit GC-320 rechts auf Schotterplatz | **Öffnungszeiten** Di–So ab 13 Uhr, Di, Do bis 23 Uhr, Mi bis 18 Uhr, Fr, Sa bis 23.30 Uhr, So bis 16 Uhr, Tel. +34/928/644484 | **Tipp** Unmittelbar daneben befinden sich der Mercadillo de Santa Brígida, der ein typisch kanarischer Markt ist, und die Finca El Galeón, die mehrere Spazierwege durch eine mal besser, mal schlechter gepflegte Naturlandschaft bietet so wie auch einige Tiergehege, Pflanzenbeete und ein kleines Wassermuseumshäuschen.

SANTA LUCÍA DE TIRAJANA

74__ Die Meeressaline
Schöpfen, schöpfen, schöpfen und dann nen Schoppen

In Arucas ist uns bereits eine Saline über den Weg gelaufen (siehe Ort 23): eine verlassene Saline auf einer Mondlandschaft samt Salinenhäuschen und manch einem Angelrutenfischer zwischen den Klippen sitzend. War ne coole Nummer, oder?

Und jetzt kommen wir zu einer der wenigen noch betriebenen Salinen Gran Canarias, die aktuell die größte Produktion fährt. Vor einigen Jahren lag sie noch brach, und niemand scherte sich einen Deut um sie, bis ein arbeitssoziales Projekt aus der Taufe gehoben wurde, das dem ein Ende machen sollte. Ein Wiederauflebenlassen der Saline war das Ziel, mit der Vision, einen traditionellen Beruf aus der Versenkung zu holen und dem kanarischen Salz wieder eine Perspektive zu geben, vor allem aber einer Horde junger Menschen, die noch nie etwas von einer Saline gehört hatten. Salz? Wächst das nicht auf Bäumen?

Kurzerhand wurde ein Salinen-Master aus der Taufe gehoben. Etwa 30 Auszubildende lernten in zwei Jahren das traditionsreiche Handwerk und nahmen sich anschließend der Saline an. Seitdem wird wieder ordentlich Salz geschöpft, und die jungen Männer können einem ehrenwerten Beruf nachgehen, der Ihnen das Brot zum Salz garantiert. Statt zu pflücken, müssen sie zwar nun mit dem Salzstab – nicht zu verwechseln mit dem Lutschsalz(stab) – arbeiten, aber den Dreh haben sie längst raus, und ein guter Teil der Ausbildungsklasse verdient sich heute ihren Lebensunterhalt tatsächlich mit dem weißen Gold. Salz, nicht Koks!

Diese Saline ist die einzige, die ihr feines und grobes Salz verpackt und etikettiert. Wobei es an einer guten Kommerzialisierung fehlt sowie auch an einer ernsthaften Vermarktung. Es besteht der Konsens, die noch verbliebenen aktiven Salinen auf Gran Canaria allesamt in Schuss zu bringen und mittels einer Kooperative das Salz in größerer Stückzahl an den Mann (und die Frau) zu bringen. Eine salzige Angelegenheit! *¡Una pizca de sal!*

Adresse Las Salinas Tenefé, Avenida Punta Tenese, s/n, 35119 Pozo Izquierdo, Santa Lucía de Tirajana | **Anfahrt** über GC-1 auf GC-194, in Pozo Izquierdo rechts Richtung Surfzentrum, nach Technologischem Institut links, an der Küste linksseitig liegt das frei begehbare Salinenareal | **Tipp** Und auch hier dürfen die Altkanaren nicht fehlen, denn gleich um die Ecke wurden Grabstätten entdeckt, die sogenannten Túmulos de Tenefé, die teils rechteckig sind, was sie von den meisten anderen Funden der Insel unterscheidet.

SANTA LUCÍA DE TIRAJANA

75__ El Mirador El Guriete
Aussicht auf Ausblick, nah und fern immer gern

Auf einer Vulkaninsel, die sich aus dem Meer erhebt, bergig und nicht flach, auf der eine Schlucht auf die andere folgt und sich Bergmassiv an Bergmassiv schmiegt, da gibt es alle paar Meter eine fulminante Aussicht zu erspähen. Und so wurde vor allem in den 1990ern, als der Tourismus auf Gran Canaria so richtig brummte und boomte und die Insel (aus)blutete, ein *mirador*, sprich Aussichtspunkt, nach dem anderen in die Landschaft modelliert.

Klar, man tuckert über die Insel und hält alle naselang an, um bedeutungsschwangere Momentaufnahmen von berauschenden Ausblicken einzufangen. Das behindert natürlich den Verkehr und ist überdies auch noch (lebens)gefährlich. Zahllos die Fotohungrigen, die sich versehentlich – also nicht so wie die Altkanaren von La Fortaleza (siehe Ort 78) – die Klippen runterstürzten.

Also war die Sache klar, gut zugängliche und sichere Aussichtsplattformen mussten her. Diese Plattform hier ist in die Jahre gekommen und wird wenig angefahren wie heutzutage so manch anderes auf Gran Canaria. Eine Insel – oder soll ich lieber »Touristeninsel« sagen? (am besten doch »Trauminsel«?) –, die sich einer urlaubenden Klientel verschrieben hat, die kommt natürlich nicht mit allem hinterher. Die Instandhaltung der ständig wachsenden »Attraktionen« ist schwer bis unmöglich. Alles picobello halten? Nein, das geht nur im Katalog.

Der Mirador El Guriete ist einer von der gepfefferten Sorte, mit Schotterparkplatz, Klippenweg und gemauerter Rundplattform. Und er bietet nicht nur einen Ausblick, sondern auch einen opportunen Durchblick. Ein Blick durch Schluchten und Bergrücken, wie er typisch für Gran Canaria ist, und dennoch mit dem gewissen Extra. Aber lassen Sie sich selbst überraschen. Zu seiner Zeit ein richtig schickes Ding, heute nicht mehr ganz so gut in Schuss. Aber keine Angst, gut genug für ein sicheres Selfie. Sie müssen ja nicht unbedingt einen Handstand auf der Brüstung machen. TSCHIEHS!

Adresse Mirador El Guriete, GC-65, zwischen Kilometer 12 und 13, 35280 Santa Lucía de Tirajana | **Tipp** Südöstlich in Reich- und Riechweite befindet sich eine typisch kanarische *granja*, wie auf Spanisch Viehbetriebe, Farmen und Bauernhöfe genannt werden. Diese *granja* hat sich auf die Aufzucht und Nutzung von Ziegen spezialisiert. Besuchergruppen werden nicht empfangen, aber man kann sich den Freigehegen problemlos nähern.

SANTA LUCÍA DE TIRAJANA

76_Der Palmenstausee
Jemanden auf die Phoenix canariensis bringen

Oder schlichtweg auf die Palme. Oder vice versa. Herrlich nervig! Auf den Kanaren ist dann die endemische Dattelpalme gemeint, die als Natursymbol des Archipels gilt. Mit dem laut Hesiod bis zu fast einem Sonnenjahr alt werdenden Wundervogel Phönix, der sich in seinem von der Sonne entzündeten Nest verbrennen lässt, um dann aus der Asche als Wurm aufzusteigen, der die Verwandlung zu einem Ei vollzieht und daraus als verjüngter Phönix schlüpft, hat die Palme aber nichts zu tun. Dafür aber mit Tamara.

Besser gesagt *támara*, was aus dem Aramäischen kommt und Dattelpalme heißt. Oder auch *támbara*, wo sich mir nichts, dir nichts ein unschuldiges »b« eingeschlichen hat. So werden nämlich die Dattelfrüchte der Kanarischen Dattelpalme genannt, die allen voran Vögeln als Nahrung dienen. Gemeint Vögel mit Flügeln und nicht »komische« Vögel auf zwei Beinen, denn letztere verschlingen lieber afrikanische und arabische Datteln. Die kanarische *tám(b)ara* ist nicht genießbar, zumindest wird sie weder vermarktet, noch sieht man *tám(b)aras* pflückende Menschen an den Phönixen hängen.

Der seit Jahren endlich mal wieder gut gefüllte Stausee – im Frühjahr 2018 regnete es nach langer Trockenperiode auch in sonst regenfreien Zonen der Insel, und viele durstige Stauseen füllten sich (ab) – bietet eine berauschende Bergkulisse und wird von einem anmutigen Palmenhain umgeben. An dessen Palmen sind die Spuren der Zeit jedoch klar zu erkennen, und gegenüber Hunderten, ach Tausenden Palmen noch vor zehn, fünfzehn Jahren sind es heute nicht mehr ganz so viele. Stausee plus Palmenhain waren mal eine ganz große Nummer, als alles noch üppig gedieh: eins der beliebtesten Postkartenmotive der Insel. Der Glanz vergangener Tage lässt sich dennoch einatmen. Der Stausee trennt die beiden Gemeinden San Bartolomé und Santa Lucía de Tirajana und wurde 1974 fertiggestellt. *¡Que cosa más bonita!*

Adresse Presa de la Sorrueda, Embalse de Tirajana, Palmeral de la Sorrueda, Mirador de la Sorrueda, GC-651, s/n, 35280 La Sorrueda, Santa Lucía de Tirajana | **Anfahrt** von GC-550 auf GC-651, Beschilderung folgen | **Tipp** Das Restaurant El Alpendre de Felix mit seiner schmucken Terrasse und seinem schicken Interieur liegt direkt auf der GC-651 und fungiert gleichzeitig auch als Obst-, Gemüse- und Souvenirladen. Backwaren und Feingebäck werden im steinalten Steinofen gebacken. ¡*Manjares exquisitos!*

SANTA LUCÍA DE TIRAJANA

77__Das Surfmekka
Mit dem Wind durch das Meer brausen

Wer regelmäßig surft, und zwar nicht nur im Internet, der kommt an Pozo Izquierdo (El Arenal) nicht vorbei. Längst kein Geheimtipp mehr, aber wie auch, einer der besten Windsurfspots der Welt hält die Fahne zu Recht hoch und ist ein absolutes Muss für alle Surfer und all diejenigen, die es noch werden wollen. Seit 1988 wird dieser Ort jährlich zum Hauptschauplatz der PWA Windsurfweltmeisterschaft. Und ja, auch der bereits im Rahmen der Playa Vargas (siehe Ort 10) erwähnte Philip Köster hat hier bereits mehrmals den Sieg in der Disziplin Wave holen können.

Und wer Pozo Izquierdo sagt, muss auch Iballa und Daida Ruano Moreno sagen. Die Zwillingsschwestern sind grankanarische Surferinnen und genießen weltweit Ruhm und Anerkennung. Seit nun fast 20 Jahren machen die beiden in der Disziplin Wave den Weltmeistertitel unter sich aus. Ihre Wurzeln haben die »Moreno Twins« direkt in Pozo Izquierdo, wo sie auch heute noch residieren und die Surfszene prägen.

In Spanien, aber selbst auf Gran Canaria sind die beiden hingegen keine großen Berühmtheiten, wie man doch vermuten würde. Windsurfing ist hier- und überallzulande letztlich eine Randsportart und männerdominiert. Als die beiden vor 20 Jahren anfingen, Titel zu gewinnen, war das Ungleichgewicht noch viel größer, aber selbst vor wenigen Jahren, als sie schon zigfach Trophäen eingeheimst hatten, fanden sie nur schwer einen neuen Sponsor. Tja, das mit der Gleichberechtigung im Sport wird wohl noch ein Weilchen dauern. Volle Kraft voraus!

Abgerundet wird das Areal durch das internationale Windsurfzentrum, jede Menge Surfshops und Surfschulen, aber auch einen Badestrandabschnitt. Die Ortschaft ist ganzjährig gut besucht, in den Sommermonaten vervielfacht sich die Bevölkerung. Denn auch wenig oder nicht windsurfaffine Menschen wissen um das windmagische Ambiente, das hier herrscht und zu entzücken weiß.

Adresse 35119 Pozo Izquierdo, Santa Lucía de Tirajana | **Anfahrt** über GC-1 auf GC-194 bis zur Ortschaft | **Tipp** Fährt man nordwärts durch den Ort und auf der Avenida las Gaviotas aus ihm hinaus, kann man sich vor der Linkskurve rechts auf den Schotterparkplatz stellen, um dann zu Fuß bis zur Punta Gaviota zu gelangen, einer Küstenklippe im Schatten eines Windradparkes unweit des Cementerio Vecindario. Augen zu und Meeresduft einatmen!

78 Der unbändige Adlerhorst
Festung, Zufluchtsort, Unterschlupf oder Tempel?

Wenn es nach den neusten Einschätzungen der Archäologen geht, die dieses prähispanische altkanarische Areal unter die Lupe nehmen, dann von allem ein bisschen und allen voran der mythische Tempel der Urbevölkerung von Tamarán »Humiaga«. Nein, es handelt sich hierbei nicht um den achten Planeten des Vega-Planetensystems Tamaran aus dem DC-Universum – der Akut auf dem dritten a ist der Verräter –, sondern um den Namen, den die Ureinwohner der Insel gaben. Sagen Sie also beim nächsten Mal im Reisebüro doch einfach mal, dass Sie nach Tamarán fliegen wollen. Aber achten Sie penibel auf die steigende Stimmführung, sonst landen Sie womöglich bei irgendwelchen Superhelden oder -schurken.

Und wie passt jetzt der unbeugsame Adlerhorst dazu? Nun ja, als die spanischen Philanthropen Ende des 15. Jahrhunderts in altruistischer Manier die Insel übernahmen – unverblümt von ethnischer Säuberung und Sklavenhandel zu sprechen wäre hier vielleicht nicht der richtige Rahmen –, sollen sich die letzten verbliebenen Altkanaren auf den Adlerhorst zurückgezogen haben, der heute als La Fortaleza de Ansite bekannt ist, wobei das »de Ansite« mittlerweile als gesichert falsch gilt. Unbeugsam rebellierten die wahren Inselherren gegen ihre Vertreibung, Versklavung und ihren Tod. Ein Pfeifen im Walde, denn die konzilianten, rechtgläubigen, frommen Conquistadores waren konsequent in ihrem Handeln. Das Einzige, was den wenigen Übriggebliebenen blieb, um nicht in die Hände der Conquistadores zu fallen, war der Freitod. Und so stürzten sich laut Überlieferung die allerletzten noch in Freiheit atmenden Altkanaren vom Adlerhorst. Puh, schwere Kost!

Aus archäologischer Sicht jedoch ein höchst spannender Ort, der religiösen Handlungen samt Tieropfergaben diente. So fand man Ziegenknochen innerhalb eines strukturierten Höhlenkomplexes aus dem 6. Jahrhundert. *¡Increíble! ¡Una sensación!*

Adresse La Fortaleza (de Ansite), GC-651, s/n, 35280 Santa Lucía de Tirajana | Anfahrt von GC-550 auf GC-651, dieser bis zum Ende folgen | Tipp Vorher, auf der GC-651 bei Kilometer 2 in der Calle Hoya del Rábano 48, liegt das Centro de Interpretación de La Fortaleza. Ein klassisches Interpretationszentrum, in dem Sie weitere spannende Informationen über den unbeugsamen Adlerhorst erfahren können.

SANTA LUCÍA DE TIRAJANA

79 — Das verbummelte Schloss
Stein für Stein ein Schloss zu hohem Ross

Es ist verwunderlich, wie manche Bauwerke vor die Hunde gehen, links liegen gelassen und verbummelt werden. Ein verwünschtes Schicksal, das diesem wunderlichen Schloss gerade widerfährt. Man reibe sich die Augen, aber es ist nun seit einer ganzen Weile ungenutzt, und auch zukünftig scheint wenig Bewegung in die Sache zu kommen. Von außen betrachtet ein majestätisches Monument malerischer Muse. Kein Neuschwanstein und auch nicht Cinderellas Märchenschloss, aber ein in die Versenkung getriebener Hingucker, der mehr verdient hätte als das momentane Fristen und Fressen der Zeit.

Von außen kann man den einen oder anderen Blick in den Innenhof erhaschen und erahnen, welch königlich pathetisches Ambiente durch die Gemäuer und Räumlichkeiten sprießt. Noch wächst kein Unkraut aus dem Boden heraus, noch hat sich die Natur nicht des Schlosses bemächtigt, aber viel fehlt nicht mehr, bis der Prozess der natürlichen Renaturierung mit Volldampf den Karren gegen die Wand fährt oder eben das Schloss gegen das Bolzenschussgerät. Letzteres im übertragenen Sinne gemeint, aber angewendet, die einzige eigenhändige Möglichkeit, in die inneren Gefilde des Schlosses zu kommen. Für die meisten von uns aber impraktikabel. Denn wer hat schon so einen pneumatisch betriebenen Schlachtschussapparat à la Anton Chigurh alias Javier Bardem stets im Kofferraum?

Das Schloss ist gute 60 Jahre alt und wurde einst als Museo Castillo de La Fortaleza el Hao geführt, das die archäologischen Funde der Gemeinde aufbereitete. Hinter dem Schloss schließt ein Restaurant an, das einen direkten Zugang haben soll. Wie es aber mit solchen Bauwerken auch passieren kann: Wenn die richtigen Leute die richtigen Knöpfe drücken, schwuppdiwupp ist das Schloss wieder eröffnet. Sperren Sie Ihre Lauscher auf, es ist unwahrscheinlich, dass das in Familienbesitz befindliche Schloss für ewig geschlossen bleibt.

Adresse Museo Castillo de La Fortaleza el Hao, Calle Juan del Río 2, 35280 Santa Lucía de Tirajana | **Anfahrt** direkt auf GC-65, bei Ortseinfahrt rechter Hand, an Ecke zu GC-553 | **Tipp** Die Ortschaft bietet im etwa gleichen Muster wie Dutzende andere auf der Insel eine *plaza*, einen *parque* und eine *iglesia*. Ein Ensemble, das in jedem casco, also der Altstadt, vorzufinden ist. Und trotzdem versprüht dieses Trio in jeder Ortschaft einen ganz individuellen Charme. Animieren Sie sich ruhig für eine kleine Tour durch die Altstadt.

SANTA MARÍA DE GUÍA

80 Das Fenster zum Meer
Und der wohl coolste Bolzplatz der Insel

Die Nordküste Gran Canarias steht im Kontrast zur Südküste, und es gibt weder einen rationalen noch emotionalen Grund, beide miteinander vergleichen, sie gar in einen Topf schmeißen zu wollen. Im Gegenteil, ihre kunterknallige Unterschiedlichkeit führt uns vor Augen, welch gelb-rötlich glänzende Diversität diese Insel unserem nach zartsinniger und affirmativer Distinktion lechzenden Herzen offeriert. Herzweidend murmeln wir mucksmäuschenstill an der glorreichen Küste entlang, lassen Sorgen und Faltenfurchen vom Winde ins offene Meer wehen und empfangen die leichtflügelige Brise der Sonnenseite des Lebens in unnachahmlicher Verve, während wir uns durch das Fenster zum Meer kuscheln, uns von ihm umgarnt und umarmt fühlen. Und zack, kriegen wir einen Fußball an den Kopf geschossen. Ja ist denn das die Möglichkeit? *¡Pues sí!*

Die Ortschaft Caleta de Arriba mag ein verschlafenes Nest sein, aber hier gibt es ein malerisches putzbröckelndes Fenster zum Meer und den wohl coolsten Bolzplatz der Insel. Als ich vor Ort war, kickten gerade ein paar Kinder »like Beckham« oder besser »like Silva« – David Silva ist aktuell der erfolgreichste aus Gran Canaria stammende Fußballspieler –, und der Vater eines, mehrerer oder aller Kinder fungierte am Spielfeldrand als wild gestikulierender Trainer.

Ich fragte, ob es okay wäre, wenn ich ein paar Fotos schießen würde. *»Claro que sí, sin nigún problema, pero tendrás que jugar con nosotros entonces«*, fiel die Antwort aus, was so viel hieß wie, dass ich Fotos machen darf, aber anschließend mitspielen müsse. Gesagt, getan! Und so kickten wir eine gute Stunde in brütender Hitze, der Vater stets energisch mit taktischen Anweisungen. Und als ich völlig platt war, konnten die Kids nur »müde« lachen. Zum Glück war Mittagszeit! Und so gingen wir allesamt zu Doña Nana nach Hause, die ein köstliches Essen gekocht hatte: alte Kleidung!

Adresse Mirador del Pescador, Calle Pizarral 2, 35469 Caleta de Arriba, Santa María de Guía | **Anfahrt** von GC-2 auf GC-294, nach Ortsteil La Atalaya Beschilderung nach Caleta Arriba, direkt am Ortseingang am Kreisverkehr | **Tipp** Am Ende der Calle La Ballena können Sie am Fuße der Klippen ein Dutzend alter Fischerhütten bestaunen. Den Ortsstrand erreichen Sie über die Avenida Virgen del Mar. PS: Doña Nana ist kein Restaurant, sondern die Mutter des Vaters, der übrigens nur der Papa von zweien der sieben Zwerge war. Und Schneewittchen? Alte Kleidung, so heißt übrigens das Gericht (Speise): *ropa vieja*.

SANTA MARÍA DE GUÍA

81_Die filigrane Mercerie
Und die filigrane Bijouterie filigriert im Takt

Spitz auf Knopf mit Nadel im Zwirn durch den Reißverschluss der Schnalle, und AUA! hat's gemacht. So oder ähnlich würde es mir ergehen, wenn ich mich am Kurzwarenhandwerk probieren würde. Kein Vergleich zu Mrs. Kurzwaren höchstpersönlich, der schöpferisch-scharfsinnigen Schneiderin Cruci, die hier seit Ewigkeiten und drei Urknallen fingerfertig alle Bekleidungswünsche ihrer Kundschaft anfertigt.

Ihre Spezialität sind traditionelle Kleider, die vor allem bei den Romerías, den Kirchweihfesten, getragen werden. Nahezu wöchentlich gibt es irgendwo auf der Insel eine Romería, und mittlerweile werden einige, ach, die meisten gehypt wie Laktose, Gluten oder Histamin. Alles Hokuspokus, Endresultat in der Regel: massenartige Besäufnisorgien. Und wie auch beim Oktoberfest oder anderen regionalen Popelfesten ist es in Mode gekommen, sich traditionell zu kleiden. Gut für Cruci, denn das Schneidern der Kleider backt ihr die Brötchen. Wobei sie auch modische Kleidung im Repertoire hat, wunderschöne Unikate aus ihrer Fingersymphonie zaubert.

Ihre Nachbarin Fati in der Parallelstraße macht in Schmuck und designt Kollektionen und Einzelstücke mit einer überbordenden Originalität und einem eigenen Stil. Schmuck in all seiner Pracht und in allen erdenklichen Facetten. Ketten, Ringe, Bänder in verschiedenen Materialien für alle möglichen Körperteile, entstanden aus der einzig wahren Quelle: der Inspiration.

Vor lauter Schmuck die Bijouterie nicht sehen oder vor lauter Kurzwaren die Mercerie nicht sehen. Nein, das wird nicht möglich sein, obwohl Sie begeistert von den beiden filigranen Einrichtungen und ihren Kreativköpfinnen sein werden. Aber die Läden sind klein und schnuckelig, da werden Sie den Überblick so schnell nicht verlieren. Wenn überhaupt, dann mit Ihrem Geldbeutel, denn Sie werden tolle Sachen finden und beide Läden leer kaufen wollen.

Adresse Mercería y Ropas Típicas Cruci, Calle Marqués del Muni 19, 35450 Santa María de Guía; Las Minuencias de Fati, Calle Médico Estevez 3, 35450 Santa María de Guía | **Anfahrt** von GC-292 auf Calle Médico Estévez, an Plaza Grande rechts, rechts in Calle Marqués del Muní; von GC-292 auf Calle Médico Estévez | **Öffnungszeiten** Cruci: Mo–Fr 9–13.15 und 17–20.30 Uhr, Sa 9–14 Uhr; Fati: Mo–Fr 10–13 und 17–20 Uhr, Sa 10–13 Uhr | **Tipp** In der nicht weit entfernten Calle Pérez Galdós gibt es in der Nummer 31 den Queso Flor zu kaufen und in der 40 handgemachtes Gebäck. Und falls Sie noch Obst brauchen, dann kriegen Sie das in der 51.

SANTA MARÍA DE GUÍA

82 Das Käsehaus
Das ist doch alles Käse! Und mit Aussicht!

Niemandem wird entgangen sein, dass auf den Kanaren exquisiter Käse hergestellt wird. Und dabei spielt es keine Rolle, ob Sie bereits bei der vorgestellten Käserei in Agüimes (siehe Ort 9) zu Besuch waren oder ob Sie schon gespickt und die Käserei in Valsequillo (siehe Ort 106) entdeckt haben. Wussten Sie, dass Gran Canaria die käsegeilste Insel des Archipels ist? Auf keiner anderen Insel wird mehr Käse produziert und konsumiert. Aber auch weltweit ist Gran Canaria die Nummer eins, wenn man die Pro-Kopf-Konsumption betrachtet. Das ist mal ein Ding, oder?

Käse! Wer hat ihn erfunden? Natürlich wir Canarios! Nein, ganz so wird es wohl nicht gewesen sein. Aber ja, wir Canarios sind stolz auf unseren Käse, das ist wirklich kein Käse. Und in nahezu jeder Gemeinde gibt es erstklassige Käseproduzenten, allen voran in Santa María de Guía, deren Käse auf internationalen Käseveranstaltungen Preise abräumen. Gran Canaria ist wahrlich ein Käse(el)dorado. Mäuschen müsste man sein!

Und so wurde vor einigen Jahren in der kleinen Ortschaft Montaña Alta ein schlichtes Käsehaus errichtet, das dem Besucher ein Käsehimmel sein soll. Ganz unaufgeregt können Sie sich hier durch zig Käselaibe probieren, einen Produktionsraum betreten und einen kleinen Museumsbereich besichtigen. Auf den Kanaren gibt es drei geschützte Herkunftsbezeichnungen, eine davon, und die einzige auf Gran Canaria, ist die D.O.P. (Denominación de Origen) Queso de Flor de Guía, Queso de Media Flor de Guía y Queso de Guía.

Kommen Sie von Norden über die GC-70 hoch, werden Sie öfters anhalten wollen, Landschaft und Aussichten sind in diesem Teil der Insel grandios. Östlich des Käsehauses geht es über eine hundertdreiundzwanzigstufige Treppe – oder habe ich mich verzählt? – auf den Mirador de Montaña Alta. Was für eine Aussicht! Und wenn die Sicht klar ist, dann bekommen Sie sogar den Teide zu sehen.

¡Y eso si que es und maravilla!

Adresse La Casa del Queso, Calle Hoya de la Prensa 14, 35457 Montaña Alta, Santa María de Guía | **Anfahrt** von GC-2 auf GC-70, im Ort rechts Richtung Bascamao, Beschilderung folgen | **Öffnungszeiten** Di–Do und Sa, So 10–14 Uhr | **Tipp** Sie haben die Qual der Wahl: die Iglesia de San José de Montaña Alta südwestlich des Käsehauses direkt in der Siedlung oder das Restaurant Piedra de Molino, auch direkt in der Siedlung südwestlich der Kirche, wo es typische Hausmannskost gibt.

SANTA MARÍA DE GUÍA

83 Der Schachplatz
Schach ist wie Fußball, nur ohne Schläger

Hingegen vertrat Lukas Podolski die Ansicht, Fußball sei wie Schach, nur ohne Würfel. In den Mund gelegt von Jan Böhmermann, geklaut von Mark Förster. Einem 1972 geborenen deutschen Dichter, aus dessen Feder Sätze stammen wie »Nichts ist so wie es scheint, und manchmal scheint alles nichts zu sein«, »Nutze die Zeit, bevor sie dich nutzt« oder »Jeder betrügt sich selbst, so gut er kann«.

Lew Tolstoi bedauerte jeden, der das Schachspiel nicht kannte, bringe es schon dem Lernenden Freude, so führe es den Kenner zu hohem Genuss. Woody Allen war der Ansicht, zu klein für die Schach-Schülermannschaft zu sein, und Arthur Schopenhauer fand, das Schachspiel überträfe alle anderen Spiele, und zwar so weit wie der Chimborasso einen Misthaufen.

Garri Kasparow hielt Schach nicht nur für ein Spiel mit intellektuellem Reiz, es lehre auch Logik, Phantasie, Selbstdisziplin und Entschlossenheit. Hingegen vertrat Albert Einstein die Ansicht, dass Schach das schnellste Spiel der Welt sei, weil man in jeder Sekunde Tausende von Gedanken ordnen müsse. In eine ganz andere Kerbe schlug dafür Raymond Chandler, der Schach für die komplizierteste Vergeudung menschlicher Intelligenz hielt, die sich außerhalb einer Werbeagentur nur finden ließe.

Und Anatoli Karpow vertrat die Meinung, dass er keinen eigenen Schach-Stil hätte und Schach alles sei: Kunst, Wissenschaft und Sport. Obwohl er krachend gegen seinen steten Widersacher Garri Kasparow – weiterhin nach Magnus Carlsen der Großmeister mit der besten Elo-Zahl – beim legendären Turnier 1996 auf Gran Canaria verlor und das Turnier ohne Sieg beendete (bis dato ein Novum für ihn), wurde dieser Platz nach ihm benannt.

Wer Lust verspürt, eine Runde Schach zu spielen, bitte sehr, aber ich kann allen Spielern nur raten: Wehret den Anfängen, wenn Sie es mit dem Schach ernst meinen – und hinterfragen Sie Ihre Gegenspielerwahl. *¡Jaque mate!*

Adresse Plaza Anatoli Karpow, Calle Médico Estévez, s/n, 35450 Santa María de Guía | **Anfahrt** direkt an der Plaza Grande gegenüber der Plaza Luján Pérez | **Tipp** In unmittelbarer Nachbarschaft befindet sich Guías Gotteshausschatz, die barocke und neoklassizistische Kirche, in der es wertvolle Kunst des berühmtesten grankanarischen Skulpteurs, José Luján Pérez, zu bestaunen gibt. PS: Die Schachfiguren müssen Sie selbst mitbringen. Schach ist, wenn man trotzdem lacht. *¡Una sonrisa puede con todo!*

SANTA MARÍA DE GUÍA

84 Die vergessene Gästevilla
Wo einst ein berühmter musischer Romantiker weilte

Schon mal vom »Karneval der Tiere« gehört, präziser gefragt: das Stück angehört? Von einem wahren instrumentalen Meisterwerk zu sprechen steht mir nicht zu, vor allem, weil es der Komponist selbst lediglich für einen musikalischen Firlefanz hielt, den er aus einer neckisch-ulkigen Laune heraus schrieb. Einer Veröffentlichung stimmte er zu Lebzeiten nie zu. Was dann nach der Wurmkur mit der Komposition passierte, ist jedoch Musikgeschichte. Vom Komponisten selbst stammt auch die Aussage, es gäbe gute und schlechte Musik, und der Rest sei eine Frage der Mode oder Konvention. Na, um wen geht es?

Richtig, um den talentierten Mr. Ripley, ¡naranjas!, Camille Saint-Saëns, der lange Junggeselle geblieben war, mit 40 eine 19-Jährige heiratete, Kinder zeugte, insgeheim homosexuell war, haufenweise Musik komponierte, weltweiten Ruhm erlangte und bis zu zehnmal auf Gran Canaria Hof hielt. Das hatten Sie jetzt nicht kommen sehen, oder? Doch, doch, der gute Mann war häufiger auf Gran Canaria als die allermeisten von Ihnen. Sogar eine Straße wurde nach ihm benannt.

Was genau er auf der Insel trieb, bitte nicht zweideutig verstehen, ist nicht ganz überliefert. Seine Aufenthalte beschränkten sich auf das Ende des 19. und den Anfang des 20. Jahrhunderts. Zu dieser Zeit war es nicht ungewöhnlich, dass gut betuchte Erdgenossen die Insel besuchten und, sagen wir mal, Urlaub machten. Aber in der Häufigkeit, wie es der gute Camille tat? Eine Affäre, meinen Sie? Nun ja, der Phantasie sind hier keine Grenzen gesetzt.

Was jedoch als gesichert gilt, ist, dass Camille die Vorliebe für männliche Balletttänzer mit Pjotr Iljitsch Tschaikowski teilte – was sogar so weit ging, dass sie bei einem Besuch Camilles bei Pjotr ein »Impromtu pas de deux« aufführten, wobei Pjotr Pygmalion und Camille Galatea verkörperte – und dass er auf Gran Canaria stets in der Villa Melpómene logierte.

Adresse Villa Melpómene, Carretera Variante de Silva, s/n, 35450 Santa María de Guía | **Anfahrt** von GC-2 Agaeta – Las Palmas auf GC-70, Kreisverkehr erste Ausfahrt scharf rechts, nach Unterführung rechts, rotes Haus mit grün angestrichenen Fensterrahmen linker Hand | **Tipp** Südlich vom Camino Llanos de Parra findet man sich in einem Bananenmeer wieder. Fährt man den Weg bis zum Ende, gelangt man an die Küste. Übrigens ist der talentierte grankanarische Schriftsteller Santiago Gil auf den Spuren Camilles gewandelt und hat den fiktiven Roman mit Realbezug »Villa Melpómene« geschrieben. Lesenswert! PS: Der Ausruf ¡*naranjas!* heißt Quatsch!

85 Das Cliffhanger-Kreuz
Am Ende der Welt, die Glocke schlägt dingdongding

Es war einmal nur etwas für die mutigsten Wagemutigen, die Cruz de La Campana de Toscón zu schlagen, heute ist um den »Roque Vivo«, auf dem dieses originelle Ensemble, bestehend aus Kampanile, Bronzeglocke, Altar und Kreuz, steht, ein Geländer angebracht. Den Cliffhanger kann man natürlich trotzdem noch raushängen lassen, aber das wäre nur noch für die Galerie.

Errichtet wurde dieses schöne Gottesstück seit Mitte des 20. Jahrhunderts in mehreren Etappen von den Dorfbewohnern selbst. Auf Gran Canaria gibt es sonst kein Ensemble wie dieses hier, das durch sein ungewöhnliches Design und den Achtung gebietenden Standort an der Klippenkante so zu bestechen weiß. Und ja, es ist ganz schön weitab vom Schuss, quasi am Ende der Insel, und doch mittendrin.

In der Mitte des Kreuzes befindet sich ein Minijesus aus Silber, ebenso ist ein Heiligenbild Jesus in einer Nische Teil des Kunstwerkes. Die Glocke ist aus Bronze und trägt die Originalinschrift »Leon y Castillo«. Woher sie genau stammt, ist nicht gänzlich geklärt, aber sie dürfte weit über 100 Jahre alt sein. Es wird vermutet, dass die Glocke einem Dampfschiff, genauer gesagt dem ersten unter dem Namen »Leon y Castillo«, angehörte, das 1888 gebaut wurde und 1910 vor Gran Canaria auf Grund lief. Das Schiff war nicht mehr zu retten, aber es wurde vorher leer geräumt. Irgendein Priester muss die Glocke dann Jahre später irgendwo erstanden oder gefunden und sie dem Dorf Toscón geschenkt haben.

Man erzählt sich die Geschichte, dass, als eine Dorfbewohnerin verstarb, die als Hexe galt, am nächsten Morgen zwei Raben neben der Glocke wachten, um zu vermeiden, dass die alte Hexe aufersteht, auf einem Besen umherfliegt und Unfug treibt. Raben werden Ihnen zuhauf begegnen, auch auf der einspurigen Straße, die nach El Toscón führt und größtenteils ohne Leitplanke auskommt. Ebenso wie Radl- und Motorradfahrer. Obacht!

Adresse Cruz del Toscón, Mirador El Toscón, Barrio el Toscón 87, 35368 El Toscón de Tejeda | **Anfahrt** von GC-60 auf GC-606, bei Kilometer 5 | **Tipp** Erlauben Sie sich ruhig, die Glocke zu läuten. Früher wurde dies grundsätzlich nur aus zwei Anlässen gemacht. Entweder im Rahmen der heiligen Messe oder wenn ein Dorfbewohner ins Gras gebissen hatte. Wissende Besucher allerdings schlagen die Glocke, denn das dreimalige Schlagen hintereinander soll Glück bringen. Weiter westwärts auf der GC-606 befindet sich der Mirador de Siberio.

86 Die Höhenluftbierbrauerei
Ein Bier, zwei Bier, drei Bier und ein Schweinchen

Kanarisches Bier? Logo, vong der Niceigkeit her bossig! Bei Craft-Bieren von einem Trend zu sprechen wäre ein bisschen gestern. Handwerkliche Biere werden ja gebraut wie schnippschnappe Frisuren geschnitten. Auf Gran Canaria ist das dennoch etwas Selteneres. Im Texeda, das Mikrobierbrauerei und Restaurant zugleich ist, wird das höchstgebraute Bier der Kanaren in 0,33-Liter-Langhalsflaschen gefüllt. Auf gut 1.000 Meter über Meer werden hier ein Classic Ale, ein mandelaromatisiertes Ale und ein Scottish Export 80 gebraut.

Das hochwertige Wasser kommt aus einer natürlichen Roque-Nublo-Quelle aus unmittelbarer Nähe, quasi kilómetro cero, wie man hier sagt. Das heißt übersetzt null Kilometer, was so viel wie lokal bedeutet, sprich, dass keine langen Transportwege anfallen und das Produkt nicht nur regional ist, sondern aus einem engen Radius um die Produktionsstätte stammt. Eine Philosophie, die auch in der Küche angewendet wird. Derzeit sind etwa 80 Prozent der verwendeten Lebensmittel kilómetro cero, etwa 30 Prozent sogar aus eigener Produktion.

Eine sich nach und nach vergrößernde Farm samt Gemüsegarten und Obstbäumen, alles biologisch-ökologische Handhabe, durch die Sie auf Anfrage auch geführt werden, gehört ebenfalls zum Brauerei-Restaurant-Ensemble. Derzeit werden verschiedene Hühnerarten und Ziegen gehalten, und Schweine sind im Anmarsch. Aktuell werden die lokal bezogenen Schweine schon vom Chefkoch höchstpersönlich geschlachtet, aber in naher Zukunft will man eine eigene Aufzucht der geschützten Rasse »Cochino Negro de Canarias« aufbauen.

Der noch junge, aber erfahrene Borja Marrero, der grankanarische Eigentümer, Meisterkoch und emsige Gastronom, und sein Team setzen seit Eröffnung im Jahr 2017 erfolgreich auf eine moderne kanarische Fusionsküche in lockerem Ambiente mit ihren selbst gebrauten frischen Bieren. Auf Gran Canaria einmalig. *¡Estupendo!*

Adresse Cerveza Texeda, Calle los Almendros 25, 35360 Tejeda | **Anfahrte** direkt auf GC-60 im südlichen Teil des Dorfes Tejeda schräg gegenüber der Tankstelle | **Öffnungszeiten** Di–Do 12–17.30 Uhr, Fr, Sa 12–17.30 und 20–23 Uhr, So 12–17.30 Uhr, Tel. +34/928/666677 | **Tipp** Tejeda wird als eines der schönsten Dörfer Spaniens gelistet und ist das bisher einzige der Kanaren, das einen Platz in der offiziellen und populären Liste der schönsten Dörfer Spaniens ergattern konnte. Machen Sie sich selbst ein Bild! Je nach Jahreszeit zwar recht überlaufen, aber es kann ja auch nicht immer alles abseitig und im Nomansland sein.

87 _ Die legendäre Pinie
Brenn, mein Kind in toto, der Teufel in dir!

Die mehrhundertjährige Pinie wacht mit Aplomb über den Stausee und verbirgt ein tragisches wie scheußliches Geheimnis. Der eingebrannte Schatten(geist) der schönen jungen Casandra im Baumstamm, die ach so verliebt in ihren Carlos, Antonio oder Javier war, der von ihrem eifersüchtigen Vater unbeschreiblich grauenvoll um die Ecke gebracht wurde, zeugt von der längst vergangenen, aber noch ins Heute und Morgen strahlenden Gräueltat. Casandra schloss einen mephistophelischen Pakt, um sich am Vater zu rächen, doch er kam ihr zuvor und verbrannte sie angekettet an der Pinie vor den Augen der eigenen Familie und des gesamten Dorfes. In manchen schauderhaften Nächten sind ihre feuerlodernden Schreie noch heute zu hören. Quietschen auf Kreide!

Der Pino de Casandra ist einer der ältesten Bäume Gran Canarias und wurde im Zuge der Erbauung des Stausees in den 1930er Jahren und später im Zuge der hydraulischen Weiterentwicklung in den 1950ern stets mit Argusaugen bedacht, und es wurde penibel auf seine Unversehrtheit geachtet. Diese Pinie ist in der Tat ein singulärer Baum vom Allerfeinsten, der nicht einfach so gefällt gehört. Und der Platz, an dem er steht, ist, als wäre er extra für ihn gemacht worden.

Die Pinie ist gute 20 Meter hoch, bei etwa vier Metern teilt sie sich in zwei große Arme, und die Krone hat einen Umfang von gut fünf Metern. Die beinahe jährlich lodernden Feuer (oft leider von Menschenhand ausgelöst, meist absichtlich; wie scheußlich!) haben den Baum bisher nicht in die Knie gezwungen, doch manch Brandmarkung hinterlassen. Narben prägen den Charakter, und so haben die Feuer diese Pinie letztlich nur stärker gemacht.

Der Baum wurde lange Zeit »El Pino Bonito«, also die schöne Pinie, genannt, erst nach dem Vorfall mit Casandra umbenannt. Allen Legenden zum Trotz ist er mit keinem Fluch besetzt, Sie können ihn also bedenkenlos berühren. Sanft!

Adresse Pino de Casandra, Presa de las Niñas, 35368 Tejeda | **Anfahrt** GC-605 bei Kilometer 10, gegenüber der Área Recreativa Presa de las Niñas; ist der Stausee gefüllt, wie momentan, außen herum laufen | **Tipp** Jeder Canario kennt dieses Areal und war hier als Kind mindestens einmal jährlich mit der Großfamilie und später mit den eigenen Kids zum Grillen und Tapasverputzen. So auch ich. Nehmen Sie also einen vollen Picknickkorb mit. Und auf der GC-605 westwärts befindet sich der Mirador de Inagua.

88 Der stramme Monolith
Ein Wolkenfels, eine Kröte und ein Mönch

Das passt ja erst mal wenig bis gar nicht zusammen, und doch ist dieses Trio eines der beliebtesten Wanderziele der Insel. Der Vulkanschlot, der Roque Nublo (Wolkenfels), samt seinem dazugehörigen kleinen Bruder, dem Roque Rana (Kröte), ist eines der emblematischsten Wahrzeichen der Insel. Ferner, aus ein paar hundert Metern Abstand, grüßt der Roque Fraile (Mönch). Und schon ist es geschehen, ein Trio, das besser nicht hätte erdacht werden können.

Der Wolkenfels ist auf etlichen Postkarten, Werbebroschüren und Reiseplattformen abgebildet, selbst von vielen Stellen der Insel ist der größte vulkanische Monolith der Welt zu sehen. Aber live vor Ort zu sein ist noch mal eine ganz andere Hausnummer. Ich latsche, wandere oder traillaufe jährlich mindestens ein Mal auf das Felsplateau, das letzte Mal bei Sonnenuntergang. Dort oben zu stehen, auf der recht flachen Gipfelebene, auf gut 1.800 Metern, neben diesem etwa 80 Meter hohen Basaltbrekzienhünen, mit kaiserlichen Aussichten und thermischen Wonnenspielen, bedeutet das Schlemmen von Augenblicken des puren Lebens und das Transpirieren der eigenen Existenz par excellence.

1932 bestiegen drei Deutsche den 80-Meter-Hünen zum ersten Mal. Die Kletterroute gibt es heute noch, es ist die rechte, an der auf halber Höhe eine Ecke herausragt. Die Felshaken gaben sie beim besten Eisenschmied der Insel in Gáldar in Auftrag, und sie haben bis heute weder Bruch noch Halt eingebüßt. Unter grankanarischen Kletterern ist der Roque Nublo äußerst beliebt, es gibt mehrere Routen unterschiedlichen Schwierigkeitsgrades. Ich war bereits drei Mal auf dem Hünen, ein guter Freund 44 Mal. *¡Fanfarrón!* Auf dem Plateau befinden sich mittig zwei mittelgroße Steine, die schräg versetzt etwa zehn Meter voneinander entfernt sind. Genau zwischen diesen beiden Steinen ist das geografische Zentrum Gran Canarias. Gönnung! *¡Un día es un día!*

Adresse Roque Nublo, 35299 Tejeda | **Anfahrt** GC-600, Kilometer 48, Parkplatz La Goleta, Wanderroute ausgeschildert, circa 30 Minuten | **Tipp** Von Norden kommend auf der GC-150 befindet sich der Aussichtspunkt Degollada Becerra, der uns den Roque Nublo und den Roque Bentayga präsentiert. PS: Eine etwas längere Wanderroute, die in die vom Goleta Parkplatz mündet, geht von Llanos de la Pez, Las Mesas ab.

89 Barrio San Francisco
Lang verborgen, nunmehr in aller Munde

Mit der kalifornischen Weltstadt San Francisco hat das Viertel der Stadt Telde nicht viel am Hut. Einzig und allein den Namen des heiligen Franziskus von Assisi, des Begründers der Franziskaner, teilen sie sich, der auch in Mittel- und Südamerika Namenspate einer Vielzahl von Städten und Vierteln ist.

Telde ist nicht nur die älteste Stadt Gran Canarias, zurückdatierbar bis zu den Zeiten der Altkanaren Mitte des 14. Jahrhunderts, sondern war auch die erste Hauptstadt der Insel. Da strotzt die Stadt natürlich vor Geschichte. Das historisch-künstlerische Viertel von San Francisco ist dabei eines der Schmuckstücke, blieb jedoch lange unter Verschluss, will heißen, wurde nicht vermarktet. Nunmehr sind diese Zeiten vorbei, es ist mitunter einer der bekanntesten Geheimtipps der Insel, zumindest was emblematische Stadtviertel angeht. Tja, so ist das mit den Geheimtipps in der heutigen Zeit der digitalen Demaskierung, sie sind alles, aber gewiss nicht geheim. Anstatt von Geheimtipp müsste man also von einem Demaskiertipp sprechen.

Das Viertel ist klein, keine zehn Straßenzüge. In der Mitte ein Platz mit einem Hundertjährigen. Keiner mit zwei Beinen, dafür mit einem dicken Stamm. Ein prächtiger Lorbeerbaum, den sich wohl jeder von uns sofort in den Garten pflanzen würde, vorausgesetzt man hat einen und überdies einen, der groß genug ist. Ein Hundsfott, wer zähneknirschend etwas anderes behauptet. Vom Platz gehen sternförmig fünf Straßen weg, die alle durch die grenzziehenden Außenstraßen miteinander verbunden sind.

In einer der vom Hundertjährigen abgehenden Straßen werden Sie die sogenannten »monteras« finden. Das sind weder Mützen noch Glasdächer, sondern in diesem Fall treppenartige Stufenerhöhungen, die in vergangenen Zeiten dazu dienten, die Pferde zu besteigen. Was heute obsolet geworden ist, nun werden hier allerhöchstens schicke Oldtimer bestiegen.

Adresse Barrio San Francisco, 35200 Telde | Anfahrt zum Beispiel zwischen Calle León y Castillo 37 und 42 zu Fuß in Calle Fray Juan de Matos abbiegen, weiter auf Calle Carlos e Navarro und Calle Tres Casas bis zum Lorbeerbaum | Tipp Das Stadtviertel San Juán grenzt im Osten an und ist quasi der große und berühmte Bruder, der San Francisco lange im Schatten hielt. In San Juán wohnte lange Zeit die Bourgeoisie und in San Francisco jüdischstämmige Bewohner, Künstler und Klamauk. Zwischen den beiden Vierteln befindet sich das Casa-Museo de León y Castillo in der Calle León y Castillo 43–45.

TELDE

90 Der eiserne Drachenbaum
Kreisverkehrsinselverrückte Canarios im Sinnrausch

Die Canarios und ihre Kreisverkehre, eine Liebe auf den ersten Blick. Und eine unversiegbare. Was man hier auf Gran Canaria an Verkehrsinseln gebaut hat und weiterhin baut, ist rekordverdächtig. Wer braucht schon Ampeln, wenn er Kreisverkehre hat? Ampelst du noch, oder kreisverkehrst du schon? Man möchte fast meinen, es sei ein klein wenig übertrieben, dass hier Verkehrsinseln gebaut werden wie anderswo Einkaufscenter. Wobei, da sind die Canarios, wie wir bereits wissen (siehe Ort 48), ja auch ganz vorne mit dabei.

Mit dem Erbauen dieser Verkehrsknoten ist es aber nicht getan. Seit Jahren ist ein regelrechter Kreisinselwettbewerb zwischen den Gemeinden entbrannt. In Anlehnung an »Wer hat den längsten?« geht es hier um »Wer hat den schönsten?«. Also werden die Kreisverkehre gepflegt und ganzjährig oder teils auch saisonal geschmückt. Klar, so ein Kreisverkehr bietet sich an, als bunte Grünfläche oder Ähnliches zur Schau gestellt zu werden. Doch hier auf der Insel wird eine Art stiller Wettbewerb daraus gemacht, und das geht oft mit Säcken voller Steuergelder einher, was dann bei der breiten Bevölkerung nicht ganz so gut ankommt.

Dieses Exemplar hier, das alle Kreisel der Insel gebührend repräsentieren soll, ist das inselweit größte künstlerische Werk auf der Mittelinsel eines Kreisverkehres. Ein 22 Meter hoher symbolischer Eisendrachenbaum, der knapp 500 Tonnen auf die Waage bringt. Erst kürzlich wurde die Mittelinsel im Rahmen einer allgemeinen Verschönerungskur aller Kreisverkehre der Gemeinde Telde mit einem neuen Untergrund versehen. Vorher Gras, ist es jetzt Sand und rot gefärbte Holzkohle. Soll besser passen!

Entworfen und errichtet wurde dieses monumentale Inselsymbol in längst vergessenen Zeiten des Jahres 2002 vom Künstler Sergio Gil Socorro und kostete etwa ein Milliönchen. Ein Klacks für ein Kunstwerk dieser Prestigeordnung, oder? Nun ja, die meisten halten sich dann doch die Hand vor den Kopf. *¡Derroche!*

Adresse La Rotonda de El Dragon de La Garita, GC-116 und GC-10, s/n, 35212 La Garita, Telde | **Anfahrt** Kreisverkehr bei GC-10 und GC-116 | **Tipp** Wenn man auf der GC-10 nach La Garita fährt und dem Meeresduft folgt, gelangt man an die Playa La Garita. PS: Wer sowohl ein Selfie mit diesem Drachen als auch mit dem unbeugsamen (siehe Ort 72) macht, wird selbst zum Drachen, und zwar zu einem feuerspeienden. *¡La leche!* Spaß beiseite, für den ersten Doppelselfie-MacherIn ziehe ich mir die Spendierhosen an.

91 Die erholten Schildkröten
Gesundung leidgeplagter Meerespaddler

Meeresschildkröten paddeln frohgemut und quietschfidel bereits seit über einer Million Jahre durch die sieben Weltmeere, doch in heutigen Zeiten haben sie nicht mehr viel zu lachen. Und das liegt, wenig überraschend, am Menschen. Aufgrund der Umweltverschmutzung der Meere und Niststrände und der unsäglichen Gier nach ihren Panzern, Eiern und ihrem Fleisch sind alle sieben Arten der Meeresschildkröten vom Aussterben bedroht.

Im Rehabilitationszentrum für Wildtiere von Taliarte, das dem marinen Wissenschafts- und Technologiepark der Universität von Las Palmas angehört, werden Schildkröten aufgepäppelt, die auf die eine oder andere Weise dem Menschen zum Opfer gefallen sind. Täglich finden Tausende Plastiktüten und anderes Kunststoffgedöns den Weg in die Meere, und Morlas und Crushs Artgenossen verwechseln die Tüten gern mal mit einer Meduse und ersticken daran. Etliche Millionen Jahre lang schwimmschwammschwomm lediglich Essbares in den Meeren, heutzutage in vielen Fällen Fallen. Künstliche Fallen, in denen sich die *tortugas*, wie Schildkröten auf Spanisch heißen, verfangen.

Zusätzlich zum Rehabilitierungsprogramm wird ein Aufzuchtprogramm für Schildkröten aufrechterhalten. Man kümmert sich hier um Vertreter der Unechten Karettschildkröte, die auf Spanisch den Beinamen »boba« hat, was dusselig bedeutet. Es werden Eier von den Kapverdischen Inseln hergebracht und die Brut für etwa ein Jahr aufgezogen, bevor die Schildkröten ins kanarische Meer entlassen werden.

Läuft man am Gebäudekomplex entlang landeinwärts, kann man rechter Hand vor dem Kreisverkehr einen guten Blick auf eine Handvoll kleiner Pools samt »dusseligen« Schildkröten erhaschen. Die allermeisten Leute laufen am kurzen Zaunabschnitt einfach vorbei, auch wenn eine ungewöhnlich platzierte Sitzbank aus Holz auf Lavapodesten direkt davor als ein Hinweis auf diese Schildkrötenkuriosität dient. ¡*Salvar las tortugas!*

Adresse Instituto Canario de Ciencias Marinas, Calle I. Canario de Ciencias Marinas, s/n, 35214 Taliarte, Telde | **Anfahrt** von GC-1 über GC-18-13 auf GC-116, am Kreisverkehr mit GC-116 dritte Ausfahrt, am Ende der Carretera a Taliarte nach Kreisverkehr linker Hand direkt am Parkplatz | **Tipp** Einen Steinwurf entfernt ragt der Leuchtturm von Taliarte in die Höhe. Besteigen kann man ihn nicht, außer man lässt den King Kong raushängen, aber drum herumlaufen, was tolle Ausblicke auf die steinerne Küste der Gemeinde Telde bietet.

TELDE

92 Die Falkenpilzschlucht
Machen Sie Ihre Socken und Glupscher scharf!

Weltweit verändert sich gerade das Klima in nie da gewesener Form, das sei unleugbar, so zumindest die einen. Die anderen halten das für einen Aberwitz und reiten dagegen, die ganze Klimapanikmache sei ein großer Fake. Ob nun so oder so, im Laufe der ersten Monate des aktuellen Jahres haben die Wolken über Gran Canaria für Regenrekorde gesorgt. Bereits Anfang März hatten die Staudämme über zwölf Millionen Kubikmeter Wasser gesammelt, was die landwirtschaftliche Bewässerung für das ganze Jahr garantiert.

Immer her mit dem Wasser. Das gilt auch für den Barranco de Los Cernícalos, eine der wenigen Bergschluchten, die ganzjährig Wasser führt. Außerdem beherbergt der Barranco die größte Falkenpopulation der Insel. Also, machen Sie sich locker um die Hüften, schnüren Sie Ihre Schuhe fest und schnallen Sie sich einen Rucksack auf den Rücken, denn es geht durch Wiesen und Gestrüpp über Stock und Stein im Wanderrhythmus des Müllers zu mehreren Wasserfällen. Sogar einen doppelten werden Sie bestaunen können. Die Route ist für alle gedacht, aber stets mit Bedacht zu laufen. Unter Einheimischen seit Jahrzehnten bekannt, in den letzten Jahren auch bei Inselbesuchern, die den Kontrast zum Strand suchen. Und Pilze!

Die Zone gilt als Pilz(el)dorado. Im heimischen Wald vielleicht ein paar Ziegenlippen, Totentrompeten, Schweins-, Esels- und Judasohren, Mohren- und Mönchsköpfe oder Kuhmäuler suchen, ja, das wird der eine oder andere von Ihnen machen. Aber auf Gran Canaria? Ja, selbstverständlich gibt es auch auf Gran Canaria Pilze. Und gar nicht mal so wenige.

Bekannt sind an die 700 Arten, wobei die Dunkelziffer bei über 1.000 liegen dürfte. Gut zwei Dutzend sind genießbar, etwa eine Handvoll giftig. In einer *cesta llena de setas canarias*, also in einem Korb voller kanarischer Pilze, könnten Steinpilze, Pfifferlinge, Reizker und Seitlinge liegen. *¡Que rico!*

Adresse Barranco de los Cernícalos, GC-132, s/n, 35211 Lomo Magullo, Telde | **Anfahrt** auf GC-132 Beschilderung folgen, nach Merenderos de Los Cernícalos, GC-132, 66, geradeaus weiter, statt weiter auf GC-132, Weg mündet querfeldein in Schlucht, Pfad teils beschildert, überwiegend gut zu erkennen | **Tipp** Nicht gerade um die Ecke, aber in der Bar Yazmina, Calle Maestro Nacional 44, 35215 Telde, gibt es eines der inselweit besten *bocadillos de pata*, das berühmt-berüchtigte kanarische Schwarzschweinefuß-Sandwich. Es gibt nicht wenige, die sich dort mit Sandwiches eindecken, bevor es in den *barranco* geht.

93 Der heuchlerische Geysir
Mal hoch, mal nieder geht der Po von Tante Frieda

Geschafkopft wird auf Gran Canaria nicht, es gibt andere Kartenspiele wie »el envite« oder »la zanga«, doch einmal hoch und einmal nieder mit dem Allerwertesten, das geht natürlich auch hier. In diesem Fall in einer geologischen Küstenformation, die für Vulkaninseln typisch ist und den kanarischen Neologismus »bufadero« zugesprochen bekommen hat. Es handelt sich dabei um einen Küstenhohlraum in Meeresfühlung mit Loch im Stile einer Dachluke. Wenn die Wellen die zerklüftete Kuhle seitlich und von unten fluten, wird sowohl die Luft als auch das Wasser aus der Dachluke und einer Vielzahl anderer kleinerer Öffnungen herausgeschossen. Es kommt zu einem kräftigen ZISCH, dem sogenannten »bufido«.

Die ganze Sache ähnelt also einem Geysir, wobei es sich hier eben nicht um heiße Quellen handelt. Dafür bietet das Felsenloch die Möglichkeit des Sich-Hineinwerfens, um eine Runde Fahrstuhl zu fahren. Unter den Jugendlichen ist dieser Sport sehr beliebt. Obwohl es nicht ganz ungefährlich ist, ein paar Schürfwunden sind allemal zu erwarten, springen sie wagemutig in den *bufadero* hinein und lassen sich von der Meeresbewegung einige Meter nach unten ziehen, um dann mit der nächsten Welle in die Höhe katapultiert zu werden. Vor allem in den Sommermonaten ist dieses Naturphänomen eine Attraktion, und die Leute versammeln sich scharenweise um den heuchlerischen Geysir herum. Auf der ganzen Insel verteilt gibt es nur wenige dieser *bufaderos*, den in Mogán (siehe Ort 59) nennt man zwar auch so, er ist aber eher eine Meeresgrotte, die weder zischt noch fahrstuhlt.

Bufaderos entstehen auf Vulkaninseln im Zusammenhang mit Lavaströmen, die ins Meer münden. Die erkaltete Oberfläche des Lavastroms erstarrt, doch darunter fließt noch flüssige Lava. Es bilden sich Lavaröhren und andere Höhlungen. Diese stürzen mit der Zeit teils ein, und tada, haben wir einen *bufadero*.

Adresse El Bufadero de La Garita, Paseo Marítimo de la Garita, s/n, 35212 Hoya del Pozuelo, Telde | **Anfahrt** von GC-1 über GC-10 auf GC-116 nach Hoya del Pozuelo, nach Kreisverkehr von Calle Tomillo rechts in Calle Salvia, dann links in Calle Fagonia und weiter auf Calle Romero, am Ende gegenüber Parkplatz Promenade überqueren, *bufadero* mitten in den Felsen | **Tipp** Die südlich gelegene Playa de Hoya del Pozo gilt unter den Lokalhelden als schönster Strand an der Küste von Telde. Über Geschmäcker lässt sich bekanntlich streiten. *¡Para gustos están los colores!*

TELDE

94 Die irre Echsenterrasse
Hilfe, socorro, die Echsen sind los!

Und weiter geht es mit den Superlativen. Gran Canaria beherbergt die endemische Echsenart Gran-Canaria-Rieseneidechse, die größte Kanareneidechsen-Art. Bis zu 80 Zentimeter lang können die Echsen werden. Was jedoch in früheren Zeiten längst nicht das Ende der Fahnenstange war, fand man doch Fossilien, die anderthalb Meter lang sind. Auch auf den anderen Inseln, allen voran El Hierro und La Gomera, gibt es verwandte Rieseneidechsenpopulationen, aber diese Exemplare sind in der Regel nicht länger als 40 Zentimeter. Auf Gran Canaria wird darauf bestanden, dass man die größten Exemplare hat, und man ist gewillt, sich die Bezeichnung »Gigant des Archipels« schützen zu lassen.

Hier, an der kleinen Einbuchtung der maritimen Küstenpromenade mit den drei Sitzbänken, unter Kennern auch »La Terraza de Los Gigantes« genannt, also die Gigantenterrasse, scharwenzeln die schuppigen Eidechsen veitstänzerisch über den felsigen Untergrund bis hin zum Meer und verkriechen sich fluchtartig zwischen den Felsen, sobald man sich über die Brüstung neigt und seine Bewegungen zu ruckartig ausführt. Geht man die ganze Sache aber mit Bedacht an und nähert sich in Zeitlupe dem Geländer, um dann gottesanbeterisch die Pupillen zirkulieren zu lassen, kann man dem bunten Treiben und der unermüdlichen Tüchtigkeit der Reptilien beiwohnen. Wundern Sie sich nicht, wenn Sie nicht nur ein paar wenige, sondern gleich Dutzende Echsen zu Gesicht bekommen.

Unter den Lokalhelden ist die irre Echsenterrasse bekannt, und sie selbst tragen auch gehörig dazu bei, dass hier eine der größten Echsenpopulationen der Insel entstanden ist. Sie füttern die Echsen mit Küchenabfällen und stellen ihnen Süßwasser zur Verfügung. Es gibt aber auch die anderen, die nicht ganz so echsenfreundlich sind und Spaß daran haben, ihre Hunde auf die Echsen loszulassen. Meist ziehen die Hunde jedoch den Kürzeren.

Adresse La Terraza de Los Gigantes, Paseo Marítimo de la Garita, s/n, 35212 Telde | Anfahrt nördlich der Playa Hoya del Pozo direkt nach der Anhöhe | Tipp Die Playa Hoya del Pozo und allen voran die nachfolgende Playa del Hombre sind unter Surfern beliebt. Ja, die teldeanische Küste ist gespickt mit Stränden. Und es werden noch zwei weitere folgen (siehe Ort 100).

TELDE

95 — Die Olivenfinca
Oliven als Zugpferd, Batterien als Pferdestärken

Wer an Spanien denkt, denkt unweigerlich an Oliven. Etwa nicht? Gut, der gastronomische Klassiker ist wahrscheinlich die Sangria, aber das ist wirklich so 90er und bei den meisten wohl mit verballerten Gestalten im Rausche der Hüllenlosigkeit auf Mallorca assoziiert. Außerdem trinkt das kein Spanier, ein Canario schon gar nicht. Die kulinarischen Schmankerl Paella und Tortilla? Können je nach Zubereitung lecker sein, muss man aber Glück haben. Nun denn, kanarische Oliven sind der Brüller. Und klar, obwohl der Olivenbaum ein Fass ohne Boden, will heißen ein wassergieriger Goliath ist, gibt es ihn auf Gran Canaria zuhauf. Nicht wenige Canarios nennen einen oder gleich mehrere ihr Eigen und wenden ihr ganz eigenes Familiensalzlakenrezept an, um den rohen Steinfrüchten die Bitterstoffe zu entziehen und sie zu gesunden Kraftpaketen voller Oleuropein und Oleocanthal zu machen. Nein, das hat nichts mit Chantal zu tun!

Mehr als nur eine Handvoll Olivenbäume gehören zu dieser Finca, die einerseits in kleiner Produktion Olivenöl herstellt, das grundsätzlich nur ab Hof verkauft wird, und verzehrbereite Oliven nach traditionellem Rezept abfüllt. Es wird biologisch-ökologisch gearbeitet.

Die Finca ist aber nicht nur eine Produktionsstätte, sondern bietet ein ganzes Arsenal an zusätzlichen Attraktionen, wie zum Beispiel einen kleinen Zoo mit Vögeln und Säugetieren, ein Gewächshaus und ein Kinderspielcasino. Und nicht zu vergessen die 2018 eingeweihte Gokartstrecke mit batteriebetriebenen Karts. Seit einigen Jahren für Schulklassen und Touristen-Kaffeefahrten geöffnet, wurde nun nach einer ausgiebigen Revitalisierung des gesamten Areals auch der Laufkundschaft Tür und Tor geöffnet.

Das berühmte Sonnenblumenbild von Vincent van Gogh ist Ihnen womöglich bekannt, aber kennen Sie auch das mit den Olivenbäumen? Fragen Sie mal Papa Bing oder Papa Google!

Adresse Centro Ecológico Cultural Los Olivos, Camino Campo de Volcanes Rosiana 12, s/n, 35215 Telde, www.centroecologicoculturallosolivos.com | **Anfahrt** im Süden von Telde von GC-100 abbiegen Richtung Las Medianias, bei Calle Rio Sil links abbiegen, Beschilderung folgen | **Tipp** Noch in Telde selbst, direkt an der GC-100 in der Calle José López Suárez 70, gibt es die Boutique del Pan, die hausgemachte Gebäcke in gigantischer Größe herstellt. Wie wäre es mit einer *trucha canaria* oder einem *bollo*?

96 Das poppige Tuttifrutti
Alles außer Eis, Striptease-Einlagen und Cin Cin

Wer sich an den Strand- und Küstenteil von Ojos de Garza verirrt, der hat sich in der Regel tatsächlich verirrt. Außer, und das ist die einzige Ausnahme, jemand hat ihm einen Demaskiertipp (siehe Ort 89) gegeben. Die Playa de Ojos de Garza ist der erste Strand nördlich vom Flughafen. Von hier aus sieht man jede Menge Vögel vorbeizischen, die allermeisten jedoch mit unbeweglichen Flügeln und zwei Triebwerken. Und den einen oder anderen bunten Vogel, wie Herrn Peñita, aber dazu gleich mehr. Meist bekommt man hier die Hinterteile der Flugzeuge zu sehen, denn überwiegend ist es nicht der Landeanflug, sondern der Anfangssteigflug, der hier über die Bühne geht, was aber dem Geräuschpegel keinen merklichen Abbruch tut.

Das kleine Küstenviertel besteht aus zwei Teilen. Der eine Teil erstreckt sich am Strand entlang, ist abgesehen vom Strand eine Ansammlung von etwa 100 aneinandergepressten Häusern, ein paar verwinkelten Gassen und einer Autostraße, die in einer Sackgasse mit Wendemöglichkeit endet. Der andere Teil liegt südlich des Strandes und ist das Reich des bereits erwähnten Herrn Peñita, eines mittlerweile beinahe 1.000-jährigen Tausendsassas, der aus einer Laune heraus vor vielen, vielen Jahren angefangen hat, alles einzusammeln, was die Meereswellen an seine Küste spülten, und eine Verwendung dafür zu finden.

So entstand mit den Jahren ein poppiges Tuttifrutti, das ziemlich wild daherkommt, aber ein eindrucksvolles Sammelsurium sondergleichen ist. Mit den Jahren kamen auch viele andere Sachen dazu, die er wo auch immer fand. Er nennt das Recycling. Andere Kunst. Er schmeißt nichts weg, sondern findet für alles den richtigen Platz. Das große Grundstück und der Gebäudekomplex sind recht verschachtelt und teils bewohnt. Und wenn Herr Peñita nicht gerade seine ausgedehnte Siesta macht, führt er jeden Interessierten durch sein Reich. Betreten erlaubt!

Adresse La Casa Peñita, Playa Ojos de Garza, Avenida Juan Perez Betancor, s/n, 35219 Ojos de Garza, Telde | **Anfahrt** von GC-1 auf GC-140 bis zur Küste | **Tipp** Am nördlichen Ende des Viertels liegt das Lokal Zurita, das mit einer gebührenden Terrasse aufwartet und fangfrische Flossensegler serviert. Unter Einheimischen äußerst beliebt.

TELDE

97 — Die pulsierende Promenade

Ein Heldenweg für Sportjunkies und Sportmuffel

Diese kilometerlange Küstenstrecke ist unter den Lokalhelden äußerst beliebt. Prinzipiell zu jeder Tageszeit sind hier Leute unterwegs, viele am Sporteln, manche am Spazieren, andere wiederum am Hansguckindieluften. Und wiederum andere schwören auf die romantischen Nachtstunden im Mondflimmern mit Wellenrauschen und Meeresduft. Und meinen dabei die aphrodisierende Wirkung. An bestimmten Stellen findet diese dann auch ihren fleischlichen Ausdruck. Zwischen Taliarte und der Playa del Hombre gibt es sogar eine Art inoffizielles Autokino. Die Leinwand ist das dunkle Meer, und der Film spielt sich jetzt in Ihrem Kopf ab.

In der Nähe des Strandes La Garita steht direkt an der Promenade ein buntes Haus. Es scheint auf den ersten Blick wie ein Künstlerhaus, und auch wenn es wenig einladend wirkt, bekommt man Lust, mal hinter die Fassade zu blicken. Aber Vorsicht, in dieser illegalen Behausung wohnt ein Vagabund, der nicht mehr ganz klar bei Sinnen ist. Er ist meist nicht da oder schläft, aber sonst gibt er gern sein üppiges Repertoire an spanischen Kraftausdrücken zum Besten. Handgreiflich ist er bisher nicht geworden. Andererseits erzählt man sich in der Gegend, dass er mittlerweile verstorben sei und die Behörden sich des Hauses angenommen haben. Über den Zugang zum Haus gelangt man auf die felsige Fläche rund um das Haus, die eine bunte Fundgrube ist.

Viele Radfahrer, Spaziergänger, Hundebesitzer, Inlineskater und gar Reiter werden Ihnen auf dieser Strecke begegnen. Und alle paar Meter ein Fischer auf den Felsen. Die Zeit wird Ihnen davonlaufen und kurz vorkommen, denn es gibt wahnsinnig viel zu entdecken. Das eine oder andere Schmankerl hat es ja als eigenständiger Ort in dieses Buch geschafft, aber glauben Sie mir, Sie werden noch einige mehr finden. Nein, kein Vabanquespiel, halten Sie einfach Ihre Augen offen und genießen Sie die frische Meeresluft.

Adresse Paseo Marítimo La Garita a Salinetas, 35212 La Garita, 35214 Salinetas, Telde | **Anfahrt** Promenade beginnt an Playa La Garita oder an Playa Salinetas | **Tipp** Zwischen der Playa Salinetas und der Playa de Melenara gibt es auf Höhe des Viertels Las Clavellinas ein kleines Felsenbecken mit Felsentableau, das über eine Treppe erreichbar ist. Diese als »Charca Perez« bekannte Rarität hat in der Regel nur Platz für ein verträumt-verliebtes Pärchen.

TELDE

98 Die Schwimmroute
Stromlinienförmig von Boje zu Boje

Einen Küstenabschnitt auf dem Trockenen flanierend auszukundschaften, gern mit eiscremekugeldekoriertem Waffelhörnchen bewaffnet und ordentlich Sonnenmilch auf der Pelle, gehört in Küstenregionen zum Standard-Repertoire eines jeden Besuchers. Zu Wasser hingegen macht man dies seltener, gar schwimmend nur in wenigen Ausnahmen. Hier, auf dieser durch gelbe Markierungsbojen gekennzeichneten Schwimmroute, ist dies jedoch gut möglich.

Es ist die erste offizielle Meeresschwimmroute der Insel. Sie führt vom kleinen Fischerort Taliarte bis zur Playa de Salinetas. Und zurück. Oder vice versa. Gute 1.000 Meter lang und in angemessener Distanz zur Küste. Jeden Sommer findet hier das aquatische Rennen »Travesía a Nado de Salinetas Dolores Álvarez« statt. Und zwar einmal bei Nacht und einmal bei Tag. Jahr für Jahr gewinnt das Rennen an Beliebtheit und knackt mittlerweile die 250-Teilnehmer-Marke. Die Startgebühr für das Rennen ist ein Kilogramm unverderbliche Lebensmittel, das an die lokale Kirchengemeinde gespendet wird.

Dolores Álvarez war eine Persönlichkeit von Telde und inselweit bekannt. 1921 geboren, war sie eine Frau, die ihrer Generation stets voraus war. Sie war die erste Frau Gran Canarias, die am Steuer eines Lkws saß, eine Pionierin im männerdominierten Tonscheibenschießen, und sie trug Hosen wie Männer Fliegen. Die Gleichberechtigung lag ihr im Blut. Auch eine Aussichtsplattform am Strand von Salinetas ist ihr gewidmet.

Das Rennen ist Teil der traditionellen Sommerveranstaltungsreihe »Súbete a la ola de la vida«, was so viel heißt wie: »Surfe auf der Welle des Lebens«. Hauptprogrammpunkte sind die Musikfestivals »Telde Young Beach Fest« und »Melenara Guaquete Sun«. Das Rahmenprogramm bietet weitere sportliche, musikalische und kulturelle Aktivitäten, wie auch verschiedene Workshops und Umweltinitiativen. Schwimm, Fischlein, schwimm!

Adresse Canal de Aguas Abiertas, 35214 Taliarte, Telde | **Anfahrt** von GC-1 über GC-18-13 auf GC-116, am Kreisverkehr mit GC-116 zweite Ausfahrt in Calle Luis Morote, geradeaus auf Paseo Marítimo de Taliarte, Schwimmroute beginnt südlich vor dem Hafen | **Tipp** Begrüßen Sie Neptun: An der Playa de Melenara vor dem Steg steht tagein, tagaus die römische Gottheit, manchmal auch einarmig oder mit fehlenden Zacken, wenn stürmische Wellen ihn malträtiert haben. Aber Tage, spätestens Wochen später werden ihm die fehlenden Gliedmaßen oder Zacken erneuert. Zackig wieder dreizackig!

TELDE

99＿Die vier Steintore
Exemplarisch-plastische Höhlenarchitektur

Von Bauchpinseln kann hier nicht die Rede sein, im Gegenteil, Orte wie dieser geraten immer stärker in den Hintergrund und werden sich selbst überlassen, auch wenn sie einmal zu den bekanntesten Attraktionen gehörten. Ein Schicksal, das vielen Orten widerfährt auf einer Insel, die sich seit Jahrzehnten immer wieder neue Magnet-Orte, sprich Glanzlichter und Knallerattraktionen, wahlweise aus der Hosentasche oder dem Hut ziehen muss.

Während man vergisst, dass Gran Canaria so dermaßen reich an Paradenummern ist, werden beinahe Schlag auf Schlag neue Orte auf die Landkarte gepinnt. Aber was passiert mit den in die Jahre gekommenen? Mit den zerbrechlichen, schrumpeligen Senioren, die nicht mehr ganz so in Schuss sind? Sie werden weitestgehend sich selbst überlassen und schuttaschen vor sich hin. Senkrechtstarter wie dieser verkommen dann zu Trantüten, und niemand inkommodiert sich, um das Vergessen aufzuhalten. Ein schlechtes Gewissen hat jedoch keiner.

Klar, es gibt immer noch die eine oder andere Kaffeefahrt hierher, und selbst auf neuen Landkarten und einschlägigen Kanälen findet man diesen Ort, aber das täuscht nicht darüber hinweg, dass er als bräsig abgestempelt wird. Ein fataler Irrtum, und manch ein Altkanare würde die Nase rümpfen.

Als Prä-Gaudí könnte man den Stil dieses frohlockenden Höhlenensembles bezeichnen. Und damit ist nicht die Gaudi im Sinne des Spaßes gemeint, sondern der weltbekannte Architekt Antoni Gaudí. Im nördlichen Teil die namensgebenden Tore, im südlichen verwinkelte Wohn- und Säulenhöhlen und oben ein *almogaren*, sprich ein heiliger Versammlungsplatz. Das gesamte Areal ist zugänglich, und man muss kein Archäologe sein, um hier ein Kribbeln in den Fingern zu spüren. Das hier ist nicht einfach nur Architektur ohne Bauplan, das hier ist vollendete Kunst realisiert mit archaischen Mitteln und Werkzeugen. *¡Una verdadera proeza!*

Adresse Cuatro Puertas, 35215 Cuatro Puertas, Telde | **Anfahrt** von GC-1 über GC-140 auf GC-100, nach Kreisverkehr links in Calle Guanche bis Feldweg, danach zu Fuß weiter nach oben | **Tipp** Weiter südlich auf der GC-100, bereits in Ingenio, befindet sich in der Calle Camino Real de Gando 1 das Museo de Piedra y Artesanía. Museum? Nun ja, es ist wohl mehr ein angestaubtes Sammelsurium im Stile eines Antikflohmarktes. Und die Steine? Eine private Sammlung des verstorbenen Patrons, die überwiegend Steine aus Afrika zeigt.

TELDE

100 Die wahren Traumstrände

Die mit dem Flugdrachenkopf tanzen

Vor lauter Sand den Strand nicht sehen. Ja, so kann es einem auf Gran Canaria ergehen. Es gibt so viele Strände wie anderswo Baggerseen, Seenager oder Teenager, also Leute, die an Tee nagen. Strand ist nicht gleich Strand. Auf der Insel werden Sie jegliche Art von Strand finden, nur werden Sie vermutlich nicht die Zeit haben, alle abzufahren. Also geht man meist an die Strände, die in unmittelbarer Nähe der Unterkunft liegen, oder man fährt bewusst einen Demaskiertipp an. Nur die ganz Mutigen verlassen sich auf ihren Instinkt und entdecken für sich Strände. Alles erlaubt, alles erwünscht, jedem das Seine.

Und Ihnen das Beste. Die zwei Strände, die einerseits den Hals und andererseits den Nacken des Flugdrachenkopfes darstellen – gleich mehr dazu –, sind die wahren Traumstrände. Klar, *para gustos están los colores* (na, kommt Ihnen bekannt vor?), über Geschmack lässt sich streiten, aber Geschmack ist auch kein Zahlenbingo. Geschmack heißt Karten auf den Tisch und Farbe bekennen. Die Playa de Tufia, also der Hals, ist ein Traum wie aus Tausendundeinem Strand. Wer noch nicht da war, kann nicht mitreden. Und wer ihn zu beschreiben versucht, nimmt ihm die Magie. Die Playa Aguadulce, also der Nacken, ist eine Bucht, wie sie im Buche steht. In diesem Fall sogar wortwörtlich. Beide Strände liegen quasi Rücken an Rücken und sind nur einen Katzensprung voneinander entfernt.

Und nun zum Flugdrachenkopf, mit dem die beiden Strände tanzen, als wären sie grimassierende Veitstänzer im Lichtkegel der Magec, der Sonne. Nimmt man die Vogelperspektive ein, zum Beispiel mit Hilfe von Papa Bing, fällt einem der Flugdrachenkopf wie Schuppen von den Augen. Erkennen Sie ihn? Der Kopf mit Körper war einmal voll mit Tomatenplantagen, die Mitte des 20. Jahrhunderts auf Gran Canaria ihre Hochzeit hatten. Mittlerweile liegt ein Großteil des Drachens brach. Tomaten auf den Augen?

Adresse Playa de Tufia und Playa de Aguadulce, 35219 Tufia, Telde | **Anfahrt** von GC-1 auf Carretera a Tufia bis Ende, südlich Playa de Tufia, nördlich Playa de Aguadulce | **Tipp** Direkt am Parkplatz vor dem Örtchen befindet sich der Mirador Playa de Tufia. Oberhalb des Ortes die Zona Arqueológica Poblado de Tufia. Und im Örtchen selbst gibt es unter anderem eine Meerjungfrau zu bestaunen. Auch zum Schnorcheln und Tauchen sind beide Strände, allen voran die Playa de Tufia, ein Unterwasserhimmel.

101 Die Gefilde der Seligen
Ein elysäisches Landgut zum Sich-Verknutschen

Die Finca de Osorio war einst ein Majoratsgut aus dem 16. Jahrhundert, das der vom spanischen Festland übergesiedelten Familie Manrique de Lara gehörte. In den 1980ern wurde es von der Inselregierung erworben. Seitdem wird es als halböffentliches Naturrefugium mit über 200 Hektar Land geführt. Die Besucherzahlen werden klein gehalten, und ohne vorherige Reservierung wird einem der Zugang nicht gewährt. Es gibt ein etwa 1.000 Quadratmeter großes Haupthaus, die ehemalige Finca, die zur Jugendherberge umfunktioniert wurde und rege genutzt wird, eine Scheune, in der Kühe, Pferde und Hühner gehalten werden, und weitere land- und forstwirtschaftliche Bauten.

Das Areal hat jede Menge Schmuckstücke zu bieten. Alle naselang wird man von einem verhexten Wald, einem Romantikgarten oder einem Jungbrunnen in den Bann gezogen, und lässt man sich fallen, wird man in einen wachswarmweichen Sog gezogen, der Herz und Kopf mit Kopf und Herz verschmelzen lässt und einem ein tierhaftes Tirilieren entlockt. Im nachfolgenden Ort (siehe Ort 102) stelle ich ein Juwel separat vor, verdient hätten es mehrere.

Als Kind war ich mehrmals dort, auch in der Gruppe, inklusive Übernachtungen in der Jugendherberge, und die neue Generation war natürlich auch schon da. Und so ergeht es den meisten Canarios. Die Leute gehen hier spazieren und wandern, nehmen sich Verpflegung mit, genießen die Ruhe und Natur, erholen sich vom Alltagsstress und tanken sattes Grün in ihre Seelen.

Derzeit bewohnen und bewirtschaften fünf Familien das Landgut. Der Mensch spielt hier – wie ich meine zu Recht – die zweite Geige. Was die Natur zu vollbringen imstande ist, wenn der blasierte narzisstische Schubiack ihr nicht zu sehr in die Suppe spuckt, ist grandios und bedarf keiner Worte mehr. Worte sind Schall und Rauch, nur das Selbsterfahren zählt. Also, auf geht's, spornstreichs zum Gefilde der Seligen!

Adresse Finca de Osorio, GC-432, s/n, 35339 Teror | **Anfahrt** beim Cementerio Velatorio, GC-43 zwischen Kilometer 8 und 9 | **Öffnungszeiten** täglich 9–17 Uhr, Reservierung drei Tage vorher unter Tel. +34/928/219229 | **Tipp** Südlich des Landguts befindet sich die Ortschaft Teror, wohin seit Jahren regelmäßig regelrechte Menschenmassen gekarrt werden. Die Altstadt hat sich komplett auf diese Besucherhorden eingestellt und ausgerichtet, und dennoch hat sie ein klein wenig von ihrem Liebreiz beibehalten können.

102 Die Koboldschlucht
Ein gutmütiger Kobold, nicht ein Heinzelmännchen

Unerschrocken schritt ich vom hinteren Teil des Haupthauses der Finca de Osorio am schön ziselierten Garten vorbei voran. Ein Dickicht skrupelloser Verästelungen war im Begriff, als Barbiturat zu fungieren und meine Entschlossenheit zu dämpfen. Doch nicht mit mir! Unbeirrt schlängelte ich mich hindurch und wurde nur wenige Wimpernschläge später belohnt: die Koboldschlucht.

Auf teils herbstgefärbten Blättern, obwohl Frühling, folgte ich dem verschlungenen Weg durch die wenige hundert Meter lange Schlucht, flankiert von moostriefenden knorrigen Felsen, die mir lebendiger vorkamen als eine Equipe wilder Hupfdohlen, die mehr zeigen als verhüllen. Mit pikanten Bildern im Kopf, Schritt für Schritt merkte ich: Hoppala, lebendig ist auch der Boden. Beschwingt, doch nicht beschwipst beschwor ich die aus dem Boden kriechenden Trolle, mir nicht den Boden unter den Füßen wegzuziehen. Edelmütig gewährten sie mir den Fortgang und geleiteten mich durch das Koboldreich.

Alsbald verhedderte ich mich in einem speichelseichten Spinnennetz, woraufhin eine gigantische Spinne mit Riesensätzen mich erledigen wollte. Doch wie von Geisterhand wurde sie zurückgepfiffen und schrumpfte auf vierblättrige Kleeblattgröße. Welch Glück! Am Ende der Schlucht angekommen, fasste ich mir ans Hirn. Und dann ans Herz. Ich bekam sogar leichtes Fracksausen. Die Hose blieb jedoch trocken. Da, hoch oben zwischen den dicken Wurzeln in einem Felsspalt, ein grüner Kobold mit langen Ohren, der sich mit einem Fidibus eine Pfeife anzündete.

Welch sonderbares Bild, dachte ich mir. Aber hier, in der Koboldschlucht, wie das so ist hienieden: Realität und Phantasie verschmelzen miteinander und sind aus Stoffen gemacht, die Träume spinnen. Spinnen Sie auch Ihre! Die kleine Schlucht ist gut zu erreichen, ein unscheinbarer Pfad führt hinein. Und einmal drin, befinden Sie sich in einer anderen Welt. ¡El mundo de los duendes!

Adresse Barranquíllo de Los Duendes, Finca de Osorio, GC-432, s/n, 35339 Teror | **Anfahrt** beim Cementerio Velatorio, GC-43 zwischen Kilometer 8 und 9, hinter dem Haupthaus (Jugendherberge) rechts am Garten vorbei dem Trampelpfad folgen, bei der Lichtung mit den fünf Holzbänken am Baum in der Front den linken Pfad nehmen und sich durch das Dickicht schlängeln | **Öffnungszeiten** täglich 9–17 Uhr, Reservierung drei Tage vorher unter Tel. +34/928/219229 | **Tipp** Machen Sie einen Spaziergang zum Pico de Osorio, der fast 1.000 Meter in die Höhe ragt. Der Weg dorthin ist ausgeschildert.

VALLESECO

103 Der Waschplatz
Auf die Wäsche, fertig, los!

Waschmaschine auf, Wäsche rein, Programm auswählen, und nach einer guten Stunde riecht die Wäsche nach blumiger Frühlingsbrise. Per Hand waschen? Das ist nur noch ganz ausgewählten Kleidungsstücken vorbehalten, oder es kommt sporadisch bei einer Vorwäsche zum Einsatz. Nicht so hier, im Lavor von Lanzarote. Nein, nicht die Schwesterinsel ist gemeint, sondern eine Ortschaft auf Gran Canaria in der Gemeinde Valleseco. Zugegeben, viele kommen nicht mehr her, um ihre Wäsche zu waschen. Aber das liegt auch daran, dass der Lavadero nicht ganzjährig Wasser führt.

Wenn er dies aber tut, dann kommt die eine oder andere alteingesessene Oma mit ihrer dreckigen Wäsche vorbei und zeigt der Waschmaschine zu Hause die Rote Karte. Jedoch meist nicht zu Fuß, sondern mit dem Auto. Da fährt dann in der Regel die Tochter die Mama samt Wäsche und benötigten Utensilien hin und holt sie nach einer Weile wieder ab. Derweil zieht sich die Mama Waschschürze und Waschhandschuhe an und den Waschhut auf und arbeitet in stoischer Ruhe und freudvoller Gelassenheit die Wäsche ab.

Es sind überwiegend Frauen jenseits der 70, die es ein Leben lang gewohnt sind, anzupacken, und ihre Zeit nützlich verbringen wollen, sprich ihre Zeit mit etwas Aktivem füllen. Natürlich haben sie längst Waschmaschinen und waschen auch damit, aber sie wissen um das starke Gefühl, etwas getan zu haben. Es gibt nichts Lästigeres als einen trägen Körper, in dem ein dumpfer Geist wohnt. Ohne Bewegung geht der Mensch zugrunde.

Für die meisten von uns wohl kaum vorstellbar, unsere Wäsche dort zu waschen, aber nachvollziehen können wir es allemal. Auf der ganzen Insel verteilt gibt es noch ein paar von diesen Lavaderos. Wir leben in einer so schnelllebigen Zeit, dass uns ein solcher Waschplatz vorkommt, als sei er ein Zeuge aus längst vergangenen Zeiten, aber schauen wir genauer hin, ist es gar nicht so lange her.

Adresse Lavadero Tierras Blancas, GC-21, s/n, 35340 Lanzarote, Valleseco | **Anfahrt** direkt nach der Kreuzung der GC-214 und der GC-21 | **Tipp** Direkt an der Kreuzung befindet sich ein opulentes Steinrondell mit Informationstafeln und faszinierenden Aussichten. Auf dem Rondell soll einer grankanarischen Geschichte nach ein Prinz heimlich eine Geliebte geküsst haben, die sich in der Folge in einen Frosch verwandelte.

VALLESECO

104 — Área La Laguna
Parilla, barbacoa oder auf Kanarisch: asadero

Feuerstelle, Feuerstelle, wer ist die beste Grillmeisterin im ganzen Land? Oder Grillmeister! Nicht dass sich die werten Herren noch diskriminiert fühlen. Das Grillen? Mittlerweile der Volkssport Nummer eins! Wer legt sich denn nicht gern ein Würstchen mit zwei Enden oder ein saftiges Steak auf den Grill? Ein Vegetarier vermutlich. Vom Veganer ganz zu schweigen (und mir). Aber ansonsten wird drüben wie hüben grilliert, bis der Rost verglüht.

Auf Gran Canaria heißt das ganze Happening »asadero«, und beliebter als der eigene Garten oder der Balkon sind die auf der ganzen Insel verteilten Áreas Recreativas und Merenderos, also Picknick- und Grillplätze. Viele dieser Plätze sind bereits weit vor dem Grillhype entstanden und in einen Naherholungsraum integriert. Vor allem an den Wochenenden sind diese Orte belebt und genießen große Popularität. Scharenweise zieht es die Leute zu den Feuerstellen, und man verbringt den ganzen Tag dort.

Die Área La Laguna ist in einem Vulkankrater errichtet worden, in dessen Mitte sich eine kleine Lagune befindet. Eine weitere Besonderheit ist das Hippodrom, auf dem ab und zu Pferderennen stattfinden und von denen auf der Insel noch nicht einmal mehr eine Handvoll existieren. Auch ein noch junger Lorbeerwald wurde im Rahmen eines europäischen Projektes zur Wiederaufforstung von Lorbeerbäumen gepflanzt.

Das Areal ist großzügig angelegt und lockt nicht nur Lokalhelden an. Auf Gran Canaria erfreuen sich Familienausflüge samt *asadero* großer Beliebtheit. Da passiert es nicht selten, dass man sich eine dieser *áreas* inmitten der Insel aussucht und in Karawane dort hinfährt. Da ist kein Weg zu weit. Und mittlerweile wissen Sie ja, die Insel mag klein erscheinen, ist aber riesig. Da fährt man auch schon mal locker anderthalb Stunden zu einem hehren Grillparadies. Mit Kind und Kegel quer durch die Insel um des Grillierens willen. Top! *¡Épico!*

Adresse Área Recreativa de La Laguna, Calle Párroco Francisco José Hernández, s/n, 35340 Valleseco | **Anfahrt** an der Kreuzung der GC-21 und der GC-30 der Beschilderung folgen, wenige hundert Meter davon entfernt | **Öffnungszeiten** täglich 10.30–18.30 Uhr | **Tipp** Die wenigsten Plätze dieser Art haben einen Kiosk. Dieser hat einen. Geführt wird er aktuell von Mari und Paco. Verpassen Sie nicht das beste Tortilla-Sandwich der Welt! Nicht nur für Leute wie mich, die jeglichem Grillgut die kalte Schulter zeigen. Obwohl ich sicherlich nicht Nein sage zu einem gegrillten *langostino*. Ein Gedicht!

VALLESECO

105 — Der Bewässerungsgraben
Der Mensch leitet das Wasser, wer den Menschen?

Gegen Ende schließt sich der (Wasser-)Kreis. Haben wir mit Zeitzeugen der früheren Wasserwirtschaft begonnen (siehe Ort 1), so kommen wir nun zu einem erstklassigen Bewässerungskanal, in dem das Wasser talwärts geleitet wird und uns auf eine exquisite Route mitnimmt. Die allermeisten dieser Kanäle sind auf Gran Canaria verschwunden oder führen kein Wasser mehr. Wobei, diejenigen von Ihnen, die im Barranco de Los Cernícalos waren (siehe Ort 92), heben gerade die Augenbrauen. Zu Recht, denn dort ist Ihnen bereits ein solcher Kanal über den Weg gelaufen, wenn auch nur ein kleines Stück davon oberirdisch verläuft.

Dieser hier fängt ganz unscheinbar am Straßenrand an, und wer sich nicht von der eigenen Neugier antreiben lässt, läuft einfach daran vorbei. Wie so oft, wenn der Mensch mal wieder den hoffärtigen Abwinker spielt. Wer ist denn heute noch Spürnase?

Folgt man jedoch dem Kanal um die Ecke, an der Hauswand und dem Zaun entlang, schlackert man schon bald mit den Ohren. Allein der Anblick entzückt. Trittsicher sollte man sein, aber ein Reinhold-Messner-Verschnitt muss man keineswegs sein. Mäandrisch führt uns der Kanal an eine Abzweigung. Nach unten geht es ins naturbelassene Tal, das uns irgendwann auf wenig ersichtlichen Pfaden auf Privatgrundstücke führt. Nach oben geht es sich schwerer, aber Herz in die Hand, es wartet ein natürlicher Skulpturenbaum und ein Pfad durch wildes Terrain. Und geradeaus, oder besser gesagt weiter dem Kanal folgend, geht es am Berg entlang einmal um ihn herum und anschließend talwärts in Richtung Unendlichkeit. Ein panflötiesker Wasserweg mit dem Duft nach Wasser und Leben lechzend.

Das Wasser wird Ihnen den Weg weisen. Und über Ihnen wird der eine oder andere Falke kreisen, der seine Runden dreht und seine Beute erspäht. Lassen Sie sich Zeit, es ist weder früh noch spät, das Wasser frisch, ab zu Tisch. Leitmensch!

Adresse Acequía Oración de Luz, Lugar La Laguna, s/n, 35340 Valleseco | **Anfahrt** gegenüber dem südlichen Zugang der Área Recreativa de La Laguna | **Tipp** Unweit, auf der GC-21 am Cruce de La Laguna, liegt das Restaurant Arcos de La Laguna. Alle paar Wochen wird die Menükarte unter ein neues Motto gestellt, was stets neuen Schwung in die Auswahl bringt. Die ersten zwei Augustwochen 2018 standen zum Beispiel im Zeichen des Thunfisches. *¡Que rico que estaba el lomo de atún con salsa de fiel!*

VALSEQUILLO

106 Die Käsefabrik
Im Käse liegt die Wahrheit

Aller guten Dinge sind drei (siehe Orte 9 und 82). Der kleine Verkaufsraum mit Käsetheke könnte unscheinbarer nicht sein. Zwar in einer Parallelstraße zur Hauptstraße des Ortes gelegen, aber nicht gerade vor der Nase. Die Lokalhelden wissen um das Käsewerk samt kleinem Käseladen, aber Laufkundschaft ist selten. Mitten in einen Industriestraßenblock verirrt man sich dann doch eher selten.

Seit nun 40 Jahren wird hier Käse produziert. Die Spezialität ist der »queso fresco«, der auf den Kanaren eine besondere Stellung einnimmt. Ein schnittfester feuchter Frischkäse, der wackelig daherkommt, da er einen Großteil der Molke beibehält. Die Herstellung ist einfach, aber wie es bei einfachen Dingen oft ist: Im Detail steckt die Kunst, und so gibt es große Unterschiede in Qualität und Geschmack.

Wer was auf seinen Käse hält, der wird nicht Politiker, Journalist oder Autor, sondern reicht seinen Käse beim World Cheese Award ein. In der Ausgabe des Jahres 2017 räumte man hier unter Tausenden Käsen aus aller Welt einmal Gold und einmal Bronze ab. Aber am Ende sind Preise Preise und der ewige Kampf um Medaillen und Trophäen ermüdend. Was zählt, ist das handwerklich einwandfreie Produkt, das vor allem die Gaumen der Bevölkerung vor Ort kitzelt.

Was untypisch für solch einen Fabrikverkauf ist, ist das Anbieten von nicht hauseigenem Käse. Hier ist es aber der Fall, und zwar nicht industriell hergestellten, sondern Käse aus Fuerteventura von kleinen Käseproduzenten, die quasi noch in alter Tradition »queso artesano« herstellen. Selbstverständlich darf man hier auch alles durchprobieren. Gehen Sie rechts am Lädchen den Flur entlang zur Rezeption. Dort wird man Sie in Empfang nehmen und den werksinternen Käseverkauf für Sie öffnen. Lediglich morgens, wenn die meisten Lokalhelden kommen, ist er kurzzeitig durchgehend besetzt.
¡Pan con queso sabe a beso!

Adresse Quesos Flor Valsequillo, Calle Salvia 14, 35217 Valsequillo | **Anfahrt** von GC-41 auf Calle Vinagrera, dann links in Calle Salvia | **Öffnungszeiten** Mo–Sa 7–18 Uhr | **Tipp** Gleich nebenan in der Nummer 18 finden Sie den Laden »Apícola Canarias«. Ein Imkerhonigladen, in dem es alles gibt, was das Honigherz begehrt. Außer Honig im Kopf. Zu Recht! Aber dazu *schweiger* ich lieber. Der arme Honig!

VALSEQUILLO

107 Presa de Cuavas Blancas
Tiefer, breiter und robust wie ein Panzer

Gran Canaria hat eine enorme Dichte an Staudämmen und Stauseen auf unterschiedlichen Höhen. Nicht wenige von ihnen sind außer Funktion und mutieren zu Ruinen. Die meisten führten in den letzten Jahren aufgrund des geringen Niederschlages wenig oder gar kein Wasser, was sich, wie wir bereits wissen, im Frühjahr 2018 änderte. Der Regen kam, sah und siegte. Selbst die ganz großen Stauseen füllten sich teils bis zur Hälfte.

Bei diesem Exemplar reichte es dafür nicht ganz, dass er aber nach Jahren ohne Wasser mal wieder welches hat, ist eine kleine Sensation. Der Staudamm auf etwa 1.700 Metern ist der höchstgelegene der Insel und der einzige, der in eine geschlossene Talsenke konstruiert wurde. Außerdem ist er mit der stämmigste. Der sichtbare Teil ragt gute 16 Meter in die Höhe, aber in etwa gleich lang reicht das Fundament in die Tiefe. Selbst die Breite des Fundaments ist mit knapp 20 Metern beachtlich. Und so kommt es, dass dieser stämmige Staudamm prinzipiell unkaputtbar, zumindest der stabilste des ganzen Archipels ist.

Auch wenn er sich unmittelbar an der GC-130 befindet, liegt er in der Talsenke versteckt, flankiert von Pinien und anderen stelzigen Riesen, die die Sicht auf ihn verdecken. Hat man Kenntnis von seiner Lokation, findet man ihn jedoch vergleichsweise leicht. Ein Staudamm, der unter all seinen Verwandten auf der Insel in all seiner Einzigartigkeit eine Kraft und Majestät ausstrahlt, die von solch imposanten Bauwerken nicht immer ausgehen.

Gelegen in einer unwirtlichen Gegend, in der aber das Grün dominiert, bekommt man ein atypisches Szenario Gran Canarias zu Gesicht, auch wenn man der Fairness halber sagen muss, dass Gran Canaria genau das eben auch ist. Grün, saftig und sprießend, vor allem, wenn der Himmel spendabel war, mitten im Nirgendwo, weit weg von Strandliegen und Sandschlössern. Und das auf 1.700 Höhenmetern. *¡Qué bárbaro!*

Adresse Presa de Cuevas Blancas, GC-130, s/n, 35216 Cazadores, Valsequillo | **Anfahrt** GC-130 bei Kilometer 6, zu Fuß die Straße Richtung Westen verlassen, wenige hundert Meter durch wildes Terrain | **Tipp** Weiter südlich auf der GC-130 befindet sich die Caldera de Los Marteles mit Aussichtsplattform. Ein vegetationsreicher Vulkankrater, der teils landwirtschaftlich genutzt wird.

108 La Montaña Cabreja
Alles vergeht, Aussichten bleiben

Die Einsicht weicht der Aussicht auf etwas Verbotenes. Wobei der Zugang zum Mirador de Montaña Cabreja nicht offiziell verboten ist, lediglich das letzte Straßenstück ist verbarrikadiert. Es steht nirgends geschrieben, dass man zu Fuß nicht hochdarf. Also Beine in die Hand und ab nach oben. Das letzte Stück ist ein Klacks, die Aussicht auf knapp 1.000 Metern Höhe dafür nicht.

Vor nicht allzu langer Zeit wurde hier oben ein Restaurant betrieben, das unter den Canarios sehr beliebt war. Das Besondere war die Mischung aus der phänomenalen Lage und einem mirakulösen Koch. Doch wie mit allem Schönen war auch hier einmal Schluss. Das Gebäude ist seit Jahren verlassen und verkommt zu einer Ruine. Diesen öffentlichen Aussichtspunkt wieder zu eröffnen ist nicht geplant. Das liegt auch daran, dass er mittlerweile anderweitig genutzt wird. Es wurden Sendemasten, TV-Antennen und ein abgespannter Gittermast mit vertikalen UKW-Yagi-Antennen auf der Gipfelebene errichtet. Ausgestrahlt werden von hier unter anderem die Programme von Radio Tinamar und Radio Charly.

Von hier oben hat man einen guten Blick auf die zahlreichen bewirtschafteten Auen, deren kultivierte Produkte am Wochenende auf dem Markt von Vega de San Mateo an den Mann (und die Frau) gebracht werden. Die Gemeinde ist schon immer sehr reich an Wasser gewesen, und die Schluchten führen meist ganzjährig den Stoff, aus dem das Leben hervorgeht. Und so ist die Gemeinde seit jeher für ihr sattes Grün, die kräftigen Weiden und ihre landwirtschaftlichen Erzeugnisse bekannt.

Hier oben auf der Montaña Cabreja steht man quasi in der Mitte der Gemeinde und überblickt sie nahezu in Gänze. Das Restaurant ist weg, das Haus heruntergekommen, der Parkplatz verlassen und die Aussicht vergessen. Aber die Aussicht, die bleibt. Wie auch die Erinnerung. Die Erinnerung an einen unvergesslichen Urlaub auf Gran Canaria. *¡La reina es la reina!*

Adresse Mirador de Montaña Cabreja, Calle Las Cabrejas, s/n, 35329 Vega de San Mateo | **Anfahrt** von GC-15 auf GC-154, bis zur Verbarrikadierung, von dort aus das letzte Stück zu Fuß weiter | **Tipp** Der Mercadillo Agrícola de San Mateo befindet sich in der Calle Antonio Perera Rivero direkt in der Ortschaft Vega de San Mateo und bietet samstags und sonntags das Beste aus der Region.

VEGA DE SAN MATEO

109 Die rüstige Pferderanch
Zu neuen Ufern auf Paarhufern im Galopp

»Ein Pferd! Ein Pferd! Ein Königreich für ein Pferd!« So schrieb es einst William Shakespeare. Womöglich nicht ganz ein Königreich, aber hier im Centro Hípico San Mateo spielen Pferde die Hauptrolle. Ein kleines Team engagierter Pferdeflüsterer kümmert sich um bis zu 30 Pferde. Einige von ihnen sind ausrangierte, in die Jahre gekommene Hottehüs, die hier ihren Altersruhesitz genießen dürfen. Die Ranch verfügt über 10.000 Quadratmeter und ist in eine natürliche Umgebung eingebettet in annehmbarer Nähe zur Ortschaft Vega de San Mateo.

Wochentags ist mitunter und je nach Jahreszeit nicht ganz so viel los, dafür steppt am Wochenende der Bär oder besser gesagt das Pferd, besonders in den Sommermonaten. Dann geht es mit Hemingway, Estrellita, Bolo und Kaori, wie einige von den Pferden heißen, auf Reitausflüge in die pralle Landschaft des umgebenden Landstrichs. Und auf dem sandigen Reitplatz kommen die Ponys zum Einsatz. Die pferdevernarrten Lokalhelden nehmen hier auch ganzjährig klassischen Reitunterricht, und in den Sommerferien findet ein Camp statt. Außerdem arbeitet man mit der AFTEC zusammen, einem Pferdetherapie-Verein.

In die Ranch integriert ist der Guachinche El Novelero mit Sonnenterrasse und sammelsurigem Interieur. Ein Lokal, das typische Gerichte von der Nachbarinsel Teneriffa serviert und samstags Tanzabende offeriert. Zu kanarischer Livemusik oder aber auch lateinamerikanischer werden dann Hufe und Hüfte geschwungen. Die Ziegenfleischgerichte sind die Spezialität des Hauses, und natürlich wird auch der *escaldón de gofio* serviert, eine aufgekochte Gofiopampe, die meist als Beilage fungiert. Gofio ist quasi ein Grundnahrungsmittel auf den Kanaren, dessen Ursprung auf die Altkanaren zurückgeht. Es ist fertig verzehrbares Mehl aus geröstetem Mais oder anderem Getreide. Das Lokal hat sich auf die Fahne geschrieben: *¡Bueno, bonito y barato!*

Adresse Centro Hípico San Mateo, Entrada Mirador Montaña de Cabreja, s/n, 35320 Vega de San Mateo | **Anfahrt** von GC-15 auf GC-154, dann links in Caserío Colorados, nach wenigen Metern auf linker Seite | **Öffnungszeiten** Di – So 9 – 13.30 und 16.30 – 19.30 Uhr | **Tipp** In der Calle del Agua in Vega de San Mateo gegenüber der Apotheke kann man frisch gemahlenen Gofio kaufen, quasi direkt ab Hof, sprich Mühle. Ein herrlicher Duft! Unbedingt zuschlagen! Ich selbst beziehe meinen Gofio öfters von hier. Inselweit mit der beste! Selbst nach Wochen wird die Papierpackung mit dem Mehl noch gofiohimmlisch duften. ¡*Una delicia!*

VEGA DE SAN MATEO

110 — Die schlichten Wandbilder
Künstlerische Hommagen ans Traditionshandwerk

So wie in vielen anderen Ortschaften bekommt man auch in Vega de San Mateo künstlerische Werke zu sehen. Meist sind es Skulpturen, Statuen, Denkmäler, Statuetten oder, wie in diesem Fall, Wandbilder. All diese Kunstwerke fügen sich wohlwollend in das Stadtbild ein und machen es lebendiger und abwechslungsreicher, bekommen aber meist wenig Aufmerksamkeit. So auch diese zwei Wandbilder, die zwar leicht zu finden sind, aber selbst auf jemanden, der sie zum ersten Mal sieht, unspektakulär wirken. Zu schlicht, um tatsächlich aufzufallen.

Dabei steckt in der Schlichtheit oft die Schönheit. Von Giacomo Casanova stammt folgender Satz: »Das wirklich Schöne muss gerade in den Augen aller als solches erscheinen: Schönheit besteht in Harmonie, die immer eng mit Schlichtheit verbunden ist.« Und ja, wer sich in der Grenzenlosigkeit des Spektakulären suhlt, der verliert schnell den Blick für das Wahre, dessen Siegel die Schlichtheit ist.

An diesen Wandbildern läuft man einfach vorbei und denkt sich nichts. Stehen bleiben und sie betrachten? Nein, schließlich befindet man sich ja nicht in einem Museum vor einem Gemälde von Picasso, Goya oder Velázquez. Die Wandbilder schreien nicht: Seht uns an! Im Gegenteil, es scheint so, als würden sie gar nicht die Blicke auf sich ziehen wollen.

Dabei strahlen beide eine wahnsinnige Energie aus, und ihre Schlichtheit in Material und Motiv birgt eine viel größere Symbolkraft, als man vermuten würde. Zwei traditionellen Berufen, dem des Hirten und dem des Bäckers, wird hier gehuldigt, und sie werden mit einer typischen Umgebung der früheren Zeit zu einer Einheit verschmolzen. Farbenfroh und stimmungsvoll sprechen die Wandbilder zu uns. Und lassen wir uns für nur wenige Minuten auf sie ein, bekommen wir etwas zurück, das wir beim unachtsamen Vorbeigehen wegschmeißen. Eine Versunkenheit, die eine ungeheure Kraft besitzt.

Adresse Mural aleatorio a los Pastores, Calle Rambla de Constitución, s/n, 35320 Vega de San Mateo; Mural aleatorio a los panaderos, Calle el Agua, s/n, 35328 Vega de San Mateo | Anfahrt von GC-15 in Calle Rambla de Constitución, gegenüber des Lokals La Fuente de Sal und von GC-15 auf Calle del Agua, direkt bei der Bäckerei Pan de la Luz | Tipp Auf dem Vorplatz des Rathauses, neben der Iglesia de San Mateo inmitten der Altstadt, befindet sich der Kiosco de la Música de la Alameda Santa Ana, ein schmucker Rondellbau im neokanarischen Stil, auf dem zu bestimmten Anlässen im Jahr Musiker ihre Melodien zum Besten geben. ¡Ay mi Gran Canaria! *¡Cuidado que me bebo toda tu sangria! ¡Que buenas són tús panaderías! ¡Ay que quiero que te rías!*

VEGA DE SAN MATEO

111_Die Sternenjäger
Sterne satt im Handteller glatt

Das mit dem Sternegucken ist ja so eine Sache, mal ist es bewölkt, mal schläft man ein, und letztlich schaut man in der Nacht selten wirklich bewusst nach oben. Doch nur im Dunkeln funkeln die Sterne. Da kommen einem diese Sternenjäger hier gelegen, denn sie betreiben die einzigen Observatorien der Insel. Einerseits seit 1998 in Vega de San Mateo unter der Fahne von »AstroEduca« und andererseits seit 2000 in Temisas unter der Fahne von »AstroTemisas«.

Zusammen mit den Observatorien in Hawaii und Chile bilden die Observatorien der Kanaren das goldene Dreieck der Astronomie. Auf La Palma befindet sich das wichtigste Observatorium des Archipels mit knapp 15 Teleskopen, das vor allem als Forschungsstätte fungiert und 1985 in Betrieb ging. Auf Gran Canaria werden viel kleinere Sternchen gebacken. Astronomische Forschung findet kaum statt, und auch die Zusammenarbeit mit astronomischen Behörden hält sich in Grenzen. Zwar wird gemunkelt, dass von Gran Canaria aus außerirdische Wesen observiert werden, aber das gilt in Fachkreisen als Ente. Letztlich fehlen jegliche Beweise. Würde es stimmen, wäre es eine Sensation sondergleichen.

In Temisas wird ganzjährig freitags und samstags gen Himmel geschaut. In den Wintermonaten von 21 bis 23 Uhr, in den Sommermonaten eine Stunde später beginnend. Freitags gibt es eine Einführung in die Astronomie, samstags widmet man sich der Astrofotografie. In Vega werden einem verschiedene Pakete angeboten, auch unter der Woche, wobei das Astrowandern heraussticht. Eine von einem Astronomen geführte Sternennachtwanderung, an deren Ende zusätzlich durch das Teleskop geguckt wird. Das Observatorium in Vega ist das erste urbane des Archipels und wird von der Gemeinde unterstützt. Es dient ausschließlich der Amateurforschung und stellt eine Bildungseinrichtung dar. Also auf zu den Sternen! Und Sie? Erst mal ab auf »meine« Insel! Denn mit den nun vollständigen 111 Orten habe sie Einiges vor. *¡Disfrute!*

Adresse AstroEduca y Centro Astronómico Büro, Avenida Tinamar 46, 35320 Vega de San Mateo; Observatorio Astronómico de Temisas, GC-550, Kilometer 6, 5, 35280 Temisas | **Anfahrt** Astro Educa trifft sich jeweils nach Absprache an unterschiedlichen Orten, Observatorium de Temisas direkt an GC-550 bei Kilometer 6,5 | **Öffnungszeiten** Veranstaltungen meist Di, Mi und Fr, teils auch Wochenende, ab 21.30 Uhr, www.astroeduca.com; Fr und Sa 21–23 Uhr, teils auch unter der Woche, www.astrotemisas.com | **Tipp** Auf der Anlage des Hotels Meliá Tamarindos im Süden betreibt AstroEduca seit 2002 das erste didaktische Observatorium Spaniens. Anfänglich nur für Hotelgäste, bietet AstroEduca inzwischen auch externen Gästen die Möglichkeit, von hier aus Himmelskörper zu jagen. Oder haben es Ihnen die Enten (siehe Ort 63) angetan? Oder doch die Meteoriten (siehe Ort 65)? Jagdfieber!

2
N
0
2 km
Las Coloradas
54
43
45
La Isleta
56
47
40
LAS PALMAS
DE GRAN CANARIA
48
57
46
San Felipe
61
24
25
23
Bañaderos
San Andrés
2
Cabo Verde
20
Cardones
Tinocas
53
42
Arucas
Buenlugar
Los Rosales
Juan XXIII
Tenoya
Moya
27
26
Firgas
El Palmital
La Cruz
3
Las Torres Altas
23
Triana
50
51
Vegueta
Tamaraceite
Lomo Blanco
49
41
44
San Fernando
60
El Palmar
31
102
101
San Cristóbal
Zumacal
105
104
San Lorenzo
Tafira Baja
52
Teror
Salto del Negro
55
Tafira
3
4
Valleseco
Marzagán
103
Santa Brígida
71
Lanzarote
72
73
69
1
70
La Atalaya
Valle de Jinámar
Ariñez
Utiaca
109
110
108
Vega de San Mateo
Las Lagunetas
89
90
97
La Garita
93
Playa del Hombre
94
91
Lomitos de Correa
106
TELDE
Valsequillo
Valle de Los Nueve
Playa de Melenara
98
Tenteniguada
Las Medianías
Playa de Salinetas
95
92

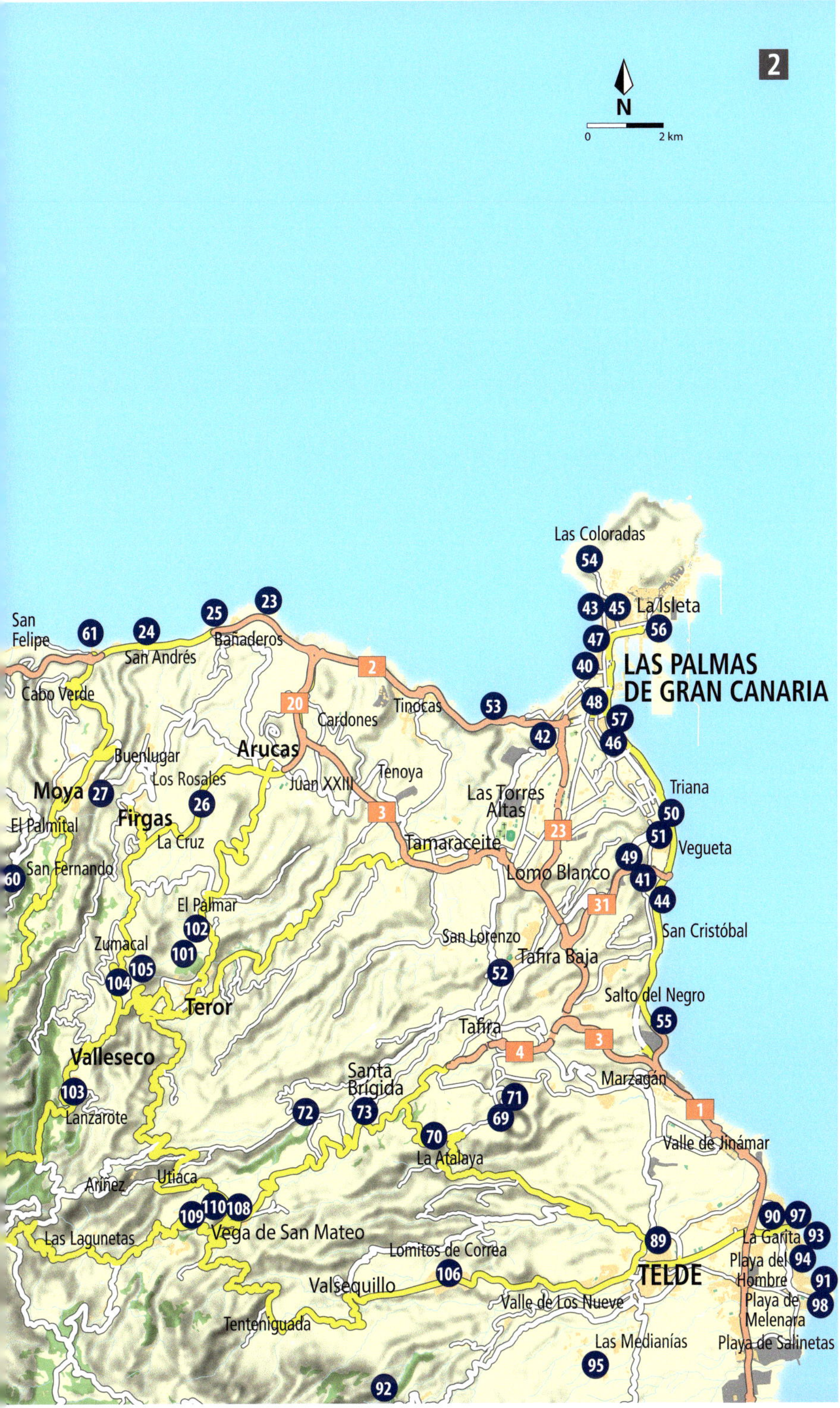

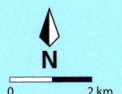

Nachwort

Was ein wilder Ritt (Hit?) durch meine Heimatinsel. Querbeet feldein mittendurch – ab ins Getümmel oder auf einsame Pfade. Die Vielfalt, die uns die Königin der Kanaren zeigt, ist gewaltig, unsagbar, beispiellos. Fehlt nur noch der passende Song (Hit!). Ich hoffe, ich habe Sie für dieses unsagbar kostbare, grandiose Juwel eines silberblauunberührten Ozeanstrichs begeistern können. Mir war und ist klar, dass Gran Canaria seit Jahrzehnten eine ultrabeliebte Urlaubsinsel ist, vor allem aufgrund von *sol y playa*, also Sonne, Strand (und Meer). Gran Canaria ist aber so viel me(e)r, da sind sogar diese 111 Orte lediglich ein Tropfen auf dem heißen Stein: Die Vielfalt der Außenwelt formt den Reichtum des Innenlebens. Ein Urlaub soll in erster Linie wohl entspannen und den Kopf wieder frei machen (oder neu füllen), eine ganze Insel für sich entdecken zu wollen ist da womöglich etwas ambitioniert. Aber die Lektüre dieses Buches der zu Recht erfolgreichen, weil wunderbaren 111er-Reihe hat hoffentlich dazu beigetragen, das lodernde Feuer Gran Canarias in Ihnen geweckt zu haben. Ich wünsche Ihnen einen großartigen und abwechslungsreichen Aufenthalt auf »meiner« Insel mit allem, was Sie sich von ihr versprechen. *¡Nos vemos en Gran Canaria!*

Sibylle von Kapff,
Gerhard von Kapff
111 Orte auf Teneriffa, die man gesehen haben muss
ISBN 978-3-95451-916-3

Kirsten Lux,
Lisa Graf-Riemann
111 Orte auf La Palma, die man gesehen haben muss
ISBN 978-3-7408-0345-2

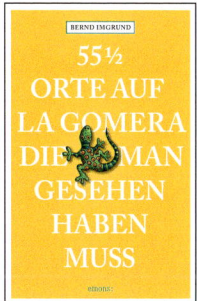

Bernd Imgrund
55 ½ Orte auf La Gomera, die man gesehen haben muss
ISBN 978-3-95451-700-8

Dorothee Fleischmann,
Carolina Kalvelage
111 Orte an der Costa Brava, die man gesehen haben muss
ISBN 978-3-95451-561-5

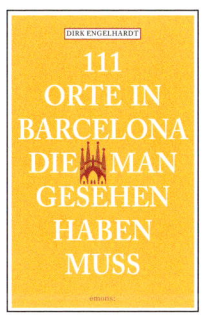

Dirk Engelhardt
111 Orte in Barcelona, die man gesehen haben muss
ISBN 978-3-95451-066-5

Rüdiger Liedtke
111 Orte auf Mallorca, die man gesehen haben muss
ISBN 978-3-89705-975-7

Robert Zsolnay
111 Orte auf Ibiza und Formentera, die man gesehen haben muss
ISBN 978-3-95451-831-9

Fabrizio Ardito
111 Orte auf Malta, die man gesehen haben muss
ISBN 978-3-7408-0356-8

Catrin George Ponciano
111 Orte an der Algarve, die man gesehen haben muss
ISBN 978-3-7408-0362-9

Kathleen Becker
111 Orte in Lissabon, die man gesehen haben muss
ISBN 978-3-7408-0244-8

Franziska Lô
111 Orte in Costa Rica, die man gesehen haben muss
ISBN 978-3-7408-0245-5

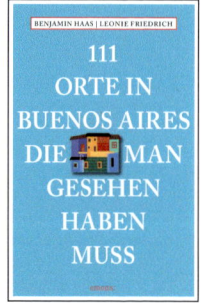

Benjamin Haas,
Leonie Friedrich
111 Orte in Buenos Aires, die man gesehen haben muss
ISBN 978-3-95451-835-7

Beate C. Kirchner,
Jorge Vasconcellos
111 Orte in Rio de Janeiro, die man gesehen haben muss
ISBN 978-3-95451-843-2

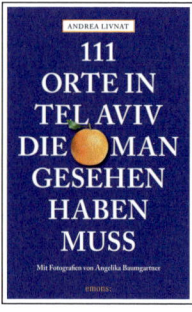

Andrea Livnat,
Angelika Baumgartner
111 Orte in Tel Aviv, die man gesehen haben muss
ISBN 978-3-95451-703-9

Giulia Castelli Gattinara,
Mario Verin
111 Orte in Mailand, die man gesehen haben muss
ISBN 978-3-95451-617-9

Cornelia Ziegler,
Chris Sindermann
111 Orte auf Kreta, die man gesehen haben muss
ISBN 978-3-95451-540-0

Ralf Nestmeyer
111 Orte an der Côte d'Azur, die man gesehen haben muss
ISBN 978-3-95451-563-9

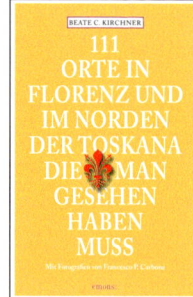

Beate C. Kirchner
111 Orte in Florenz und im Norden der Toskana, die man gesehen haben muss
ISBN 978-3-95451-513-4

Laszlo Trankovits,
Rüdiger Liedtke
111 Orte in Kapstadt, die man gesehen haben muss
ISBN 978-3-95451-456-4

Petra Sophia Zimmermann
111 Orte am Gardasee und in Verona, die man gesehen haben muss
ISBN 978-3-95451-344-4

Annett Klingner
111 Orte in Rom, die man gesehen haben muss
ISBN 978-3-95451-219-5

Ralf Nestmeyer
111 Orte in der Provence, die man gesehen haben muss
ISBN 978-3-95451-094-8

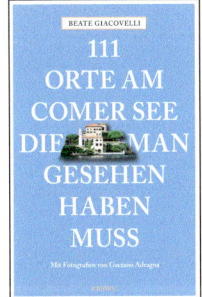
Beate Giacovelli,
Gaetano Adragna
111 Orte am Comer See, die man gesehen haben muss
ISBN 978-3-95451-833-3

Fabrizio Ardito
111 Orte in Umbrien, die man gesehen haben muss
ISBN 978-3-7408-0238-7

Lust auf mehr? Laden Sie sich die »LChoice«-App runter, scannen Sie den QR-Code und bestellen Sie weitere Bücher direkt in Ihrer Buchhandlung.

Danksagung

Muchísimas gracias a la maravillosa, valiosa y valiente Saro Arencibia, al fenómeno excepcional Antonio Herrera und an das herausragende Team vom Emons Verlag. Und an meine wortmächtige, freisinnige und souveräne Lektorin Vera Nohl.

Der Autor

Die Wurzeln des Autors **Rolando Suárez** liegen auf Gran Canaria, seiner Geburtsinsel und seinem Wunschwohnort – in jedem Winkel der Insel fühlt er sich zu Hause. Für dieses Buch hat er seine persönliche Gran-Canaria-Schatulle geöffnet und blickt hinter die Kulissen einer der beliebtesten Urlaubsinseln weltweit. Hochgebirge, Regenwald, Palmenoasen, Wüste, Strände; ein vielseitiges Eiland mit zahlreichen Mikroklimata, das sich Jahr für Jahr neu erfindet. Mit großer Freude und gewitztem Fingerspitzengefühl hat er ein aktuelles Reisebuch über die seiner Meinung nach *isla más bonita del mundo* geschrieben: ¡*Disfrute de la reina Gran Canaria!*